STEFANIE EBERHARD
KREATIVIX

WATERCOLOR
WALD & WIESE

ÜBER **20 NATUR- UND TIERMOTIVE** SCHRITT FÜR SCHRITT **MALEN**

EMF

EIN BUCH DER
EDITION MICHAEL FISCHER

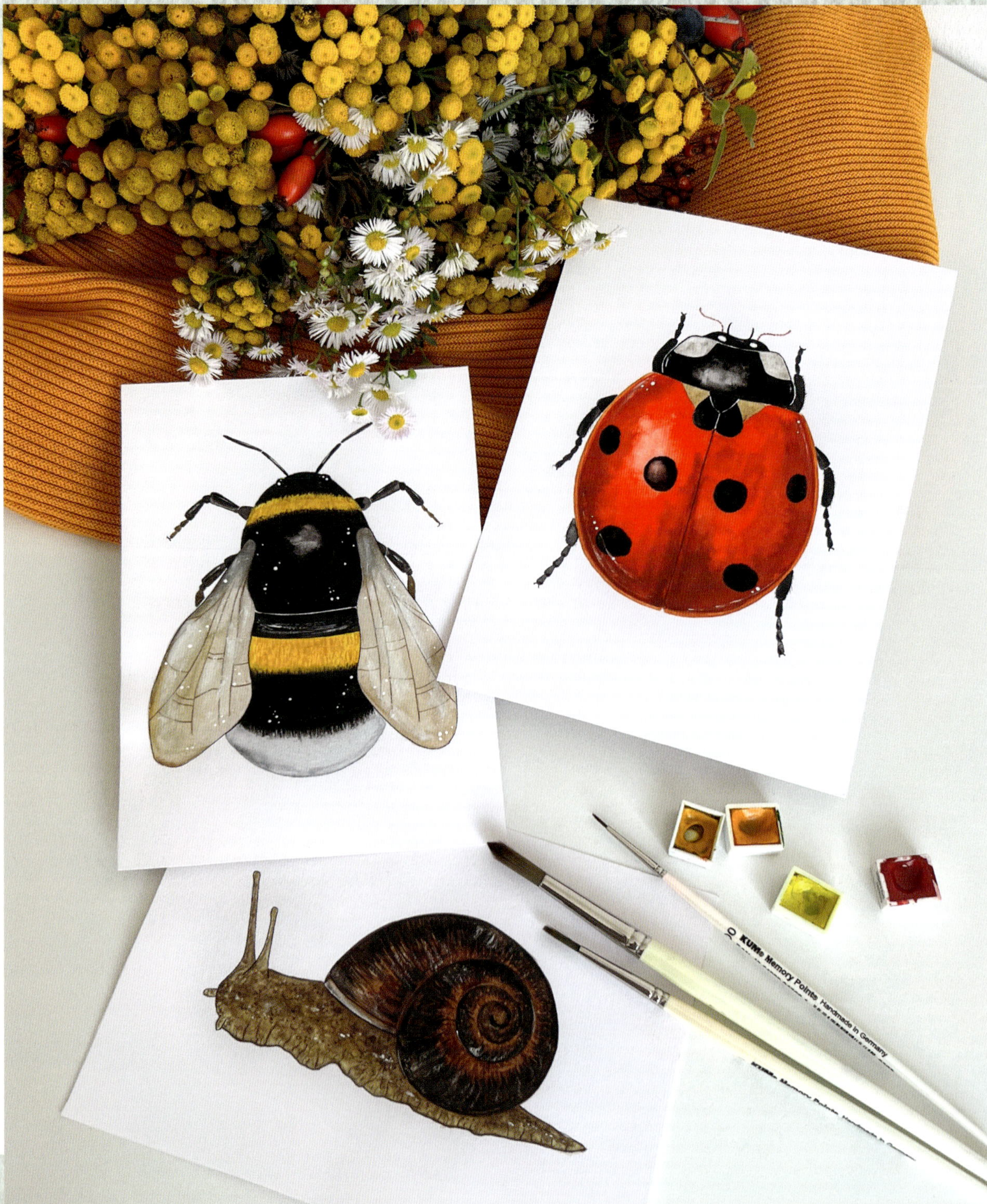
KUM Memory Points Handmade in Germany

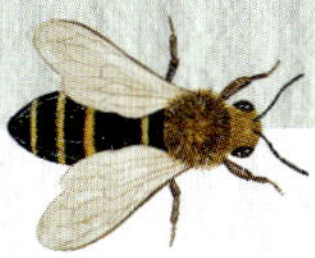

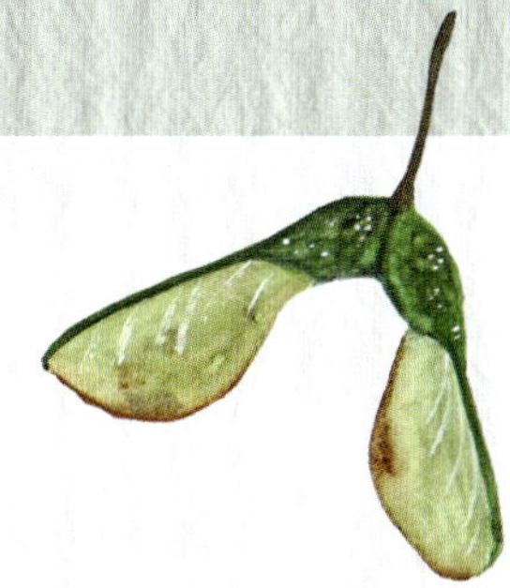

Inhalt

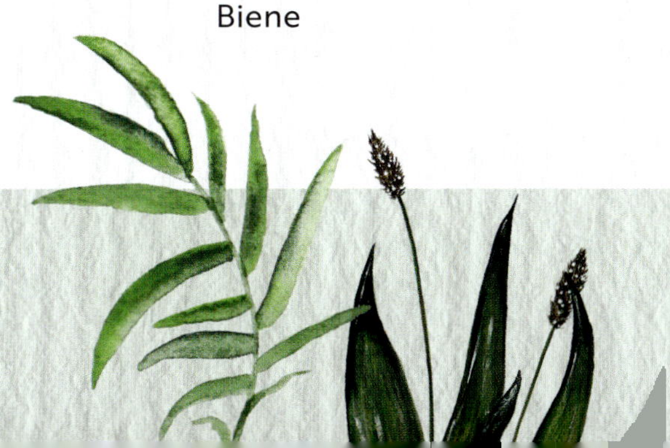

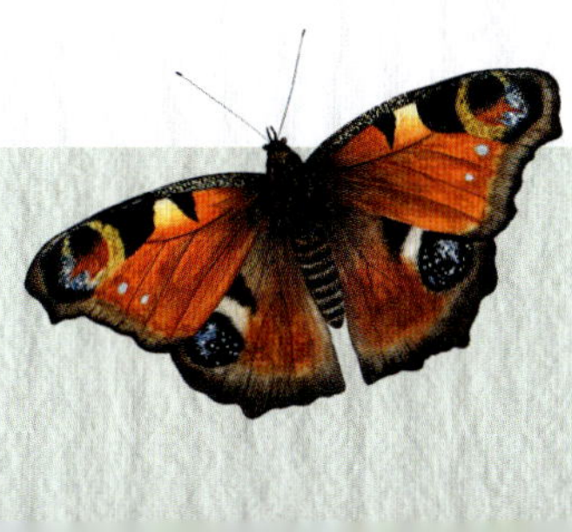

Vorwort

Wenn mich jemand fragen würde, wofür mein Herz am stärksten schlägt, dann wäre die Antwort ganz klar: die Aquarellmalerei. Dieses Medium ist so vielseitig einsetzbar und bietet einen Haufen Möglichkeiten, sich zu entfalten. Gleichzeitig stellt es eine Art Ruheort dar, an dem man neue Energie tanken und sich dem stressigen Alltag komplett entziehen kann. Schon als kleines Kind habe ich sehr viel gemalt und gebastelt. Kunst war mein absolutes Lieblingsfach, auch wenn ich darin nie die besten Noten hatte. Der Grund dafür war einfach, dass ich mich sehr selten an die Vorgaben hielt und immer meine eigenen Kreationen umgesetzt habe. Dabei war es mir nicht so wichtig, ob jemandem meine Bilder gefallen oder nicht. Nur ich allein musste mit meinen Kunstwerken zufrieden und glücklich sein. Dieses Motto begleitet mich bis heute und bewahrt mich vor Selbstzweifeln und Verunsicherungen. Daher habe ich mich im Jahr 2016 entschieden, meine Kunst auf Instagram zu teilen, um die Welt meiner Kunstwerke zu präsentieren. Mir war es wichtig, dass meine Kunst gesehen wird und sich andere Menschen von mir inspirieren lassen können. Mein Stil veränderte sich mit den Jahren stetig. Ich habe von Letterings bis Landschaften gefühlt alles ausprobiert, bis ich mich getraut habe, einen Schmetterling zu malen. Dabei wusste ich noch nicht, wie stark mich das Malen von Insekten und Naturmotiven in den Bann ziehen würde und mich wahrscheinlich auch nie wieder loslässt. Die Vielfalt der Motive aus diesem Themenbereich ist ohne Zweifel grenzenlos und es fasziniert mich, jeden Tag etwas Neues kreieren zu können. Daher freue ich mich riesig, dass du dich entschieden hast, dieses Buch in die Hände zu nehmen. Ich werde dir mehr als 20 spannende Motive näherbringen und dir meine Erfahrungen, mein Wissen und wichtige Tipps weitergeben. Wer weiß, vielleicht wecke ich auch in dir einen kleinen Funken Leidenschaft für die Aquarellmalerei.

Stefanie Eberhard

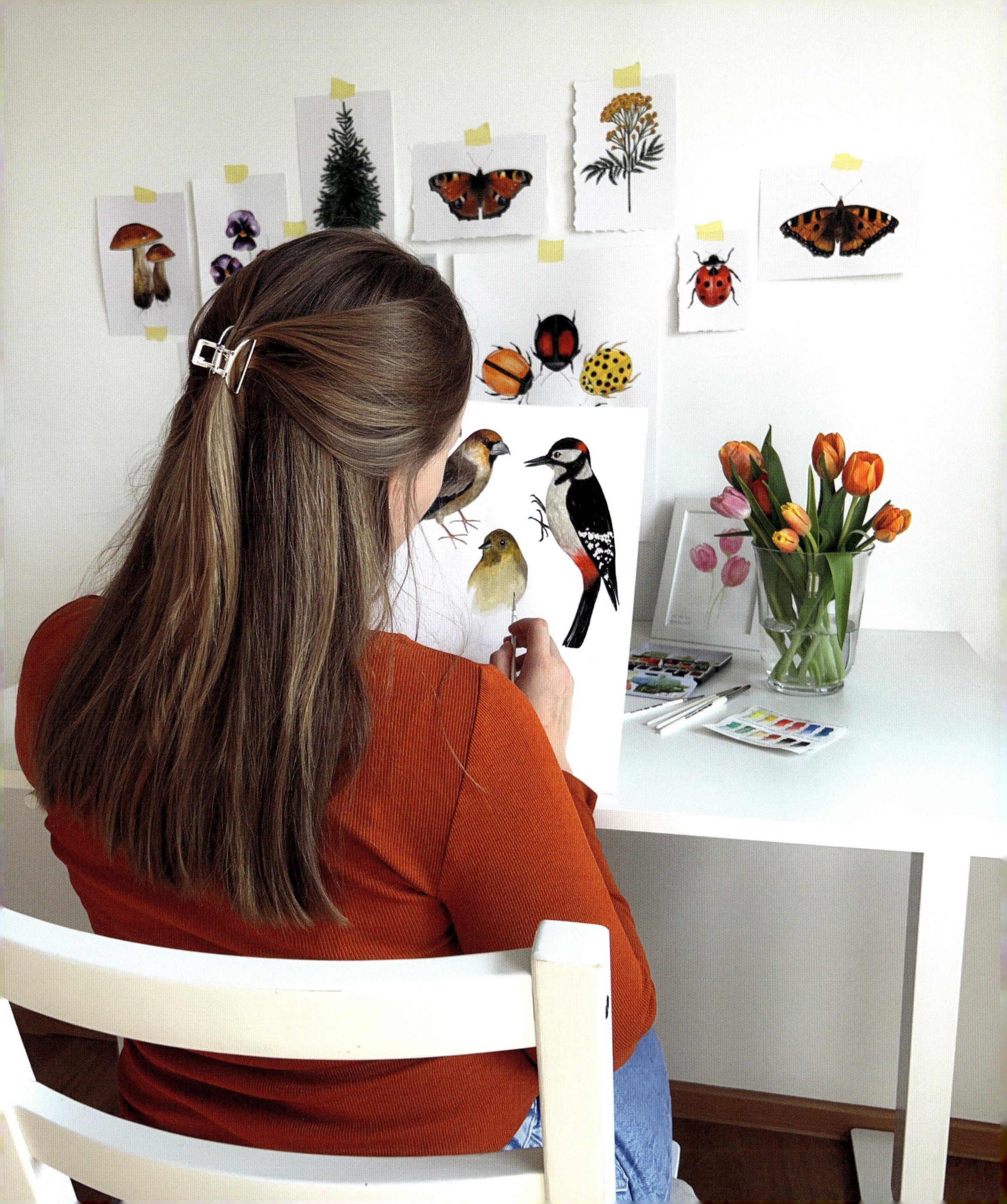

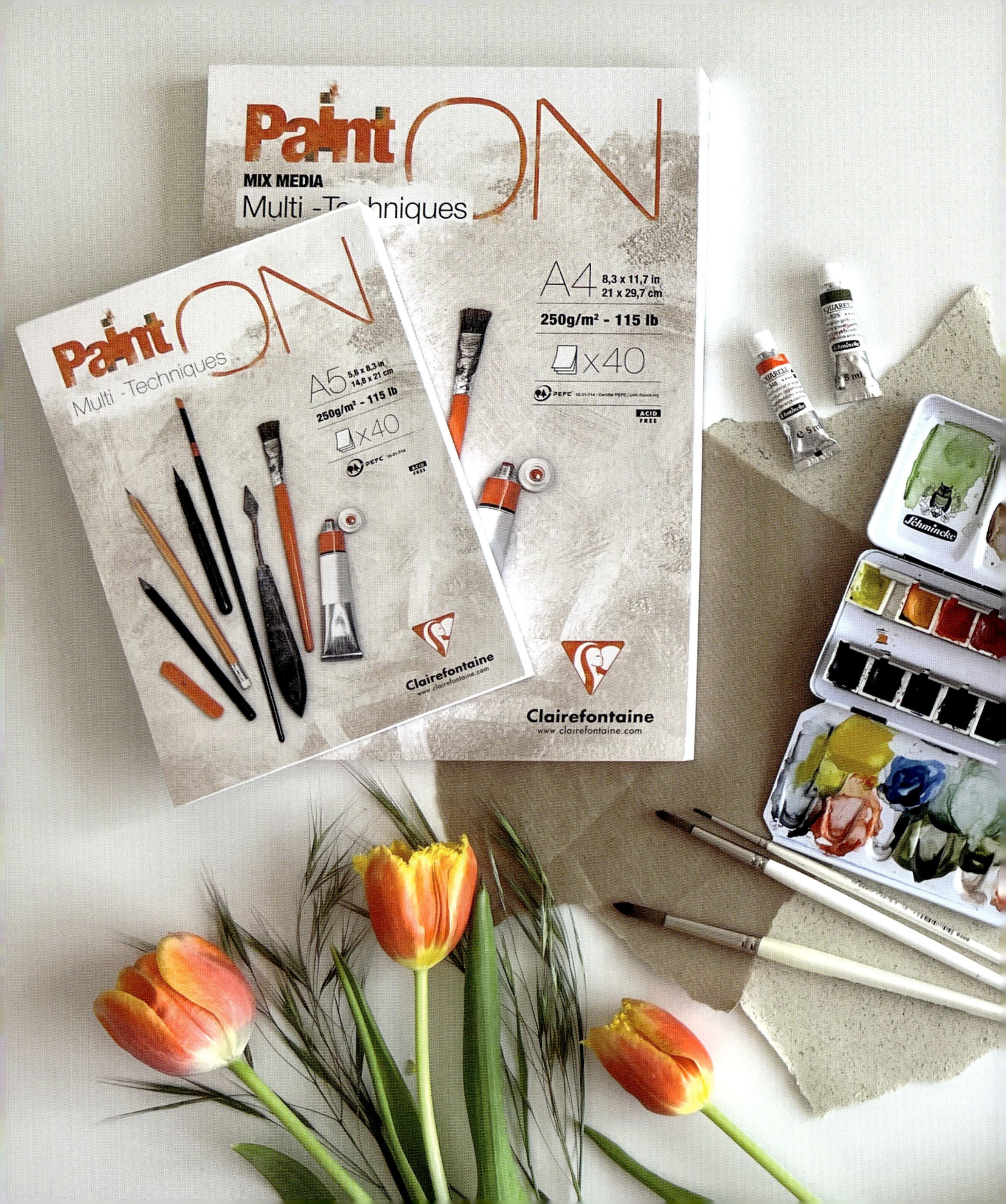
Paint ON
MIX MEDIA
Multi -Techniques
A4
8,3 x 11,7 in
21 x 29,7 cm
250g/m² - 115 lb
x40
ACID FREE
Clairefontaine
www.clairefontaine.com
Paint ON
Multi -Techniques
A5
5,8 x 8,3 in
14,8 x 21 cm
250g/m² - 115 lb
x40
Clairefontaine
Schmincke

Grundlagen

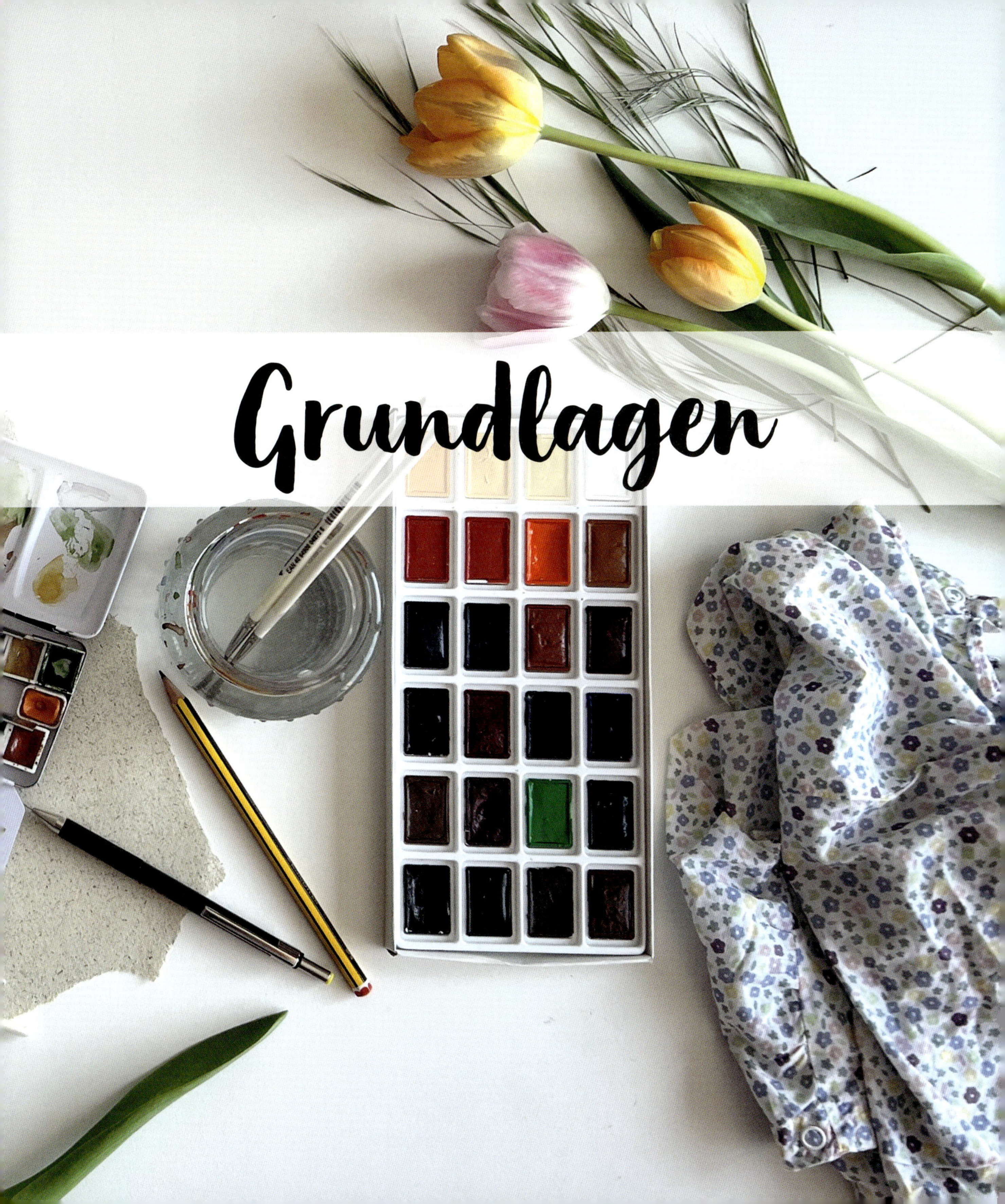

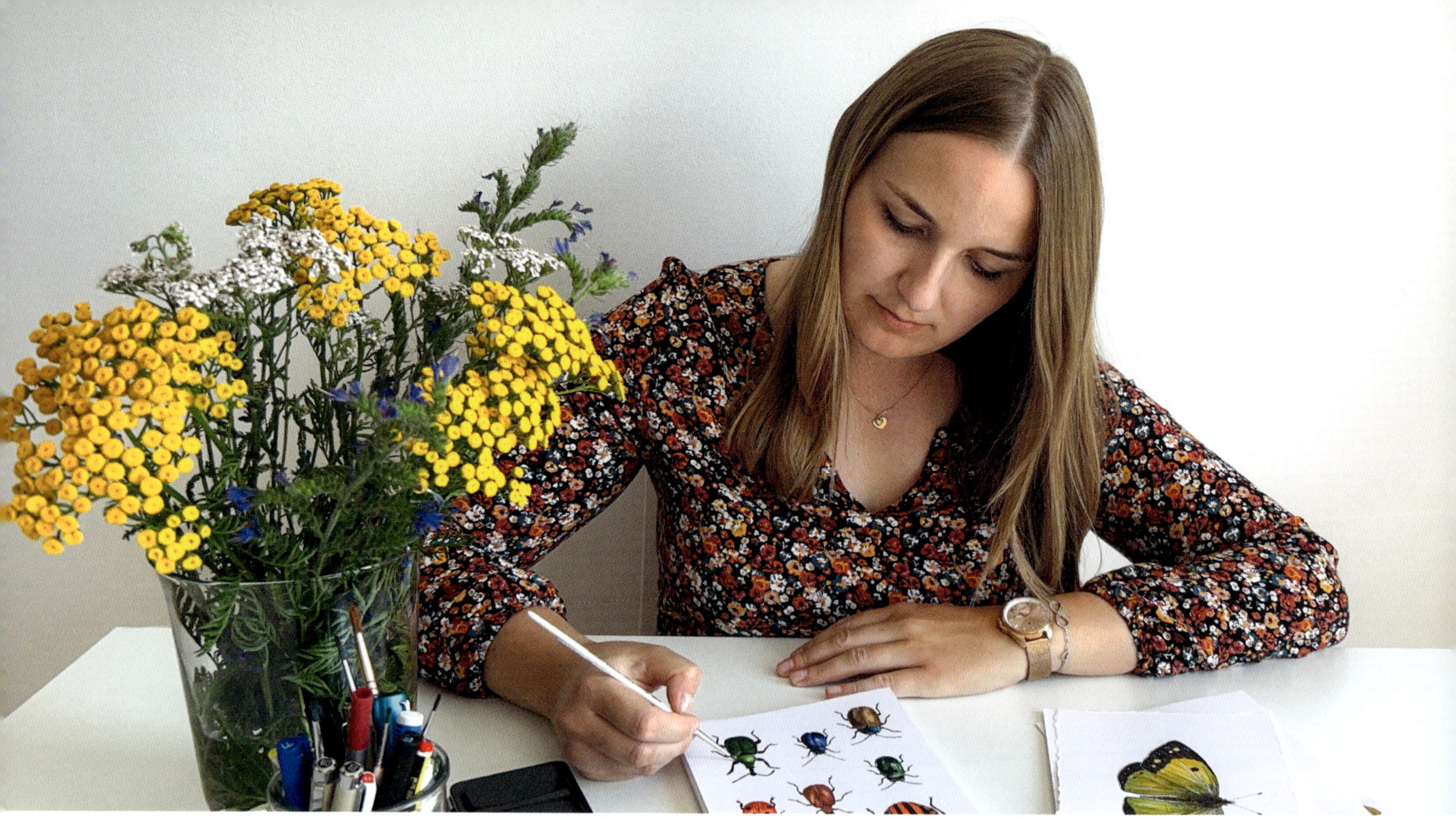

Material

Schon allein mit einem Pinsel, einem Block Papier und ein paar Grundfarben lassen sich in der Aquarellmalerei tolle kreative Kunstwerke gestalten. Das muss natürlich nicht auf einem klassischen Schreibtisch stattfinden, denn malen kann man überall, sei es gemütlich auf einer Picknickdecke im Park oder am Küchentisch. Es sind einem keine Grenzen gesetzt und genau das ist auch das Schöne dabei! Da es in der Aquarellmalerei unglaublich viele Produkte, Tools und wichtige Tipps gibt, die für einen perfekten Start unerlässlich sind, nehme ich dich direkt an die Hand und bringe dir das nötigste Basiswissen über die verschiedenen Malutensilien im Handumdrehen bei.

FARBEN

Ein guter Start muss nicht zwingend teuer sein!

Gerade wenn man das erste Mal mit dem Thema Aquarellfarben konfrontiert wird, kann es passieren, dass man von der riesengroßen Auswahl überfordert wird, da der Fachhandel ein breites Spektrum an Produkten bietet. Die Farben werden meistens entweder in Näpfchen und Tubenform angeboten und sind in den unterschiedlichsten Preisklassen und Qualitäten erhältlich. Dabei müssen gute Aquarellfarben nicht unbedingt teuer sein, um gute Ergebnisse zu erzielen. Am liebsten verwende ich die Näpfchen von Schmincke und White Nights, da sie eine starke Pigmentkraft haben und eine hervorragende Farbbrillanz aufweisen, die auch nach etlichen Jahren auf den Kunstwerken wiederzuerkennen ist.

Zu Beginn der Malreise sollte man sich erst mal nur einen kleinen Malkasten zulegen, der die Grundfarben Rot, Gelb und Blau beinhaltet. Mithilfe einer Mischpalette oder auch ganz klassisch mit einem Teller lassen sich die verschiedensten Farbkombinationen zusammenstellen. Du wirst feststellen, dass Näpfchen gefühlt ewig halten, da die Farben hochpigmentiert sind und man lediglich einen kleinen Tupfer davon auf dem Pinsel benötigt. Aquarellfarben bestehen generell aus sehr fein gemahlenen Farbpigmenten, die mit Bindemittel und Feuchthaltemitteln vermischt werden und beliebig oft im Näpfchen oder auf der Mischpalette reaktiviert werden können.

AQUARELLKASTEN & FARBTUBEN

Vorteile von Farbtuben

- Größere Formate/Motive lassen sich leichter aquarellieren, da man mit dickeren Pinseln arbeiten kann.
- Es lassen sich leichter größere Mengen in Mischpaletten mischen.
- Die Farbe bleibt in der Tube sauber und frei von Staubpartikeln.

Vorteile von Farbnäpfchen

- Eignen sich perfekt für Motive, die man unterwegs gestalten möchte.
- Komfortable Handhabung und immer sofort griffbereit.
- Ideal für Einsteiger*innen, um ein Gefühl für Aquarellfarben zu bekommen.

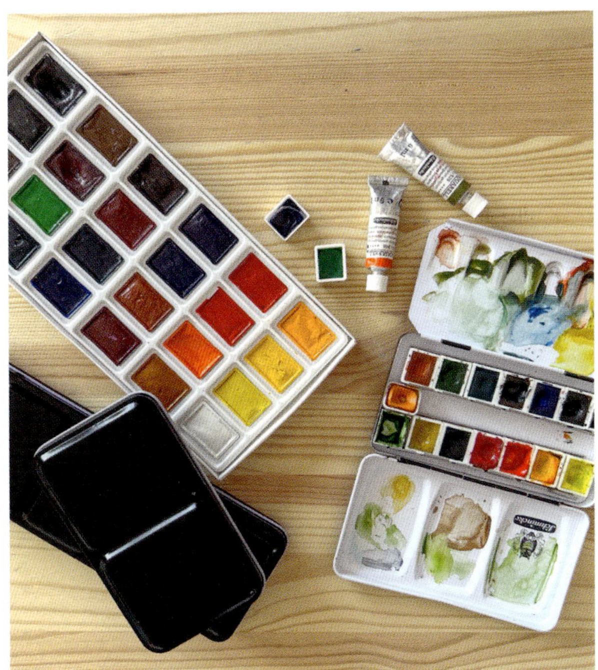

Farbkarte „Dot-Card"

Gerade wenn man am Anfang noch etwas unerfahren beim Thema Farbtöne ist, kann eine Farbkarte mit den verschiedenen Muster-Farbpunkten eine große Stütze sein. Die Farbpunkte können mit einem feuchten Pinsel aktiviert werden und zeigen, wie die Farben auf dem Papier nach der Anwendung realistisch aussehen.

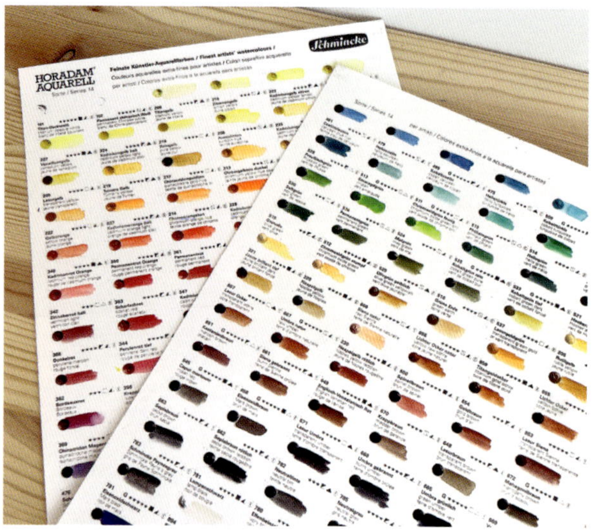

TIPP

Grundsätzlich sollte man vor Beginn des Malens die benötigten Farbnäpfchen mit etwas Wasser benetzen, um die Farbpigmente zu aktivieren und sie anschließend leichter mit einem Pinsel abheben zu können. Zum Befeuchten der Näpfchen kannst du gerne eine mit Wasser befüllte Pumpsprühflasche benutzen. Dadurch wird auch die Pinselspitze geschont, da grobes Streichen/Rühren im Näpfchen vermieden wird.

PINSEL

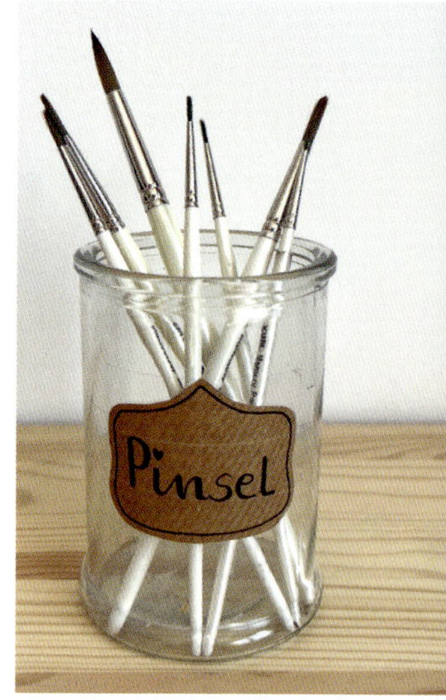

Pinsel existieren in allerlei Formen, Größen und Materialien, die man für die Aquarellmalerei nutzen kann. Manche behaupten, dass Echthaarpinsel eine bessere Wasser- und Farbaufnahme haben. Jedoch haben sich die Synthetikpinsel mit den Jahren so gut entwickelt, dass keine Nachteile gegenüber den Echthaarpinseln entstehen sollten. Für die Motive in meinem Buch habe ich grundsätzlich synthetische Rundpinsel verwendet, da ich es aus ethischen Gründen vorziehe und angenehmer empfinde und der Preis natürlich auch eine große Rolle spielt. Anfangs ist es sinnvoll, wenn du dir nur drei Pinsel in verschiedenen Größen kaufst, die eine gute Qualität haben, anstatt viele Pinsel mit schlechterer Qualität. Optimal wären die Größen 6, 4 und 0, denn damit lassen sich filigrane Linien sowie größere Flächen leicht kolorieren. Achte beim Kauf von Pinseln darauf, dass sich die Pinselhaare weich und elastisch anfühlen und in ihre ursprüngliche Form zurückspringen. Außerdem kannst du die Fixierung im Metallgehäuse der Pinselhaare prüfen. Ziehe dabei leicht an den Haaren und begutachte, ob der Pinsel schon vor der Benutzung gegebenenfalls Haare verliert. Das Wichtigste ist allerdings, dass du sorgfältig mit deinen Pinseln umgehst, damit du viele Jahre Freude daran haben kannst.

Tipps für langlebige Pinsel

- Stelle deine Pinsel nicht ins Malwasser. Sobald das Wasser in das Metallgehäuse gelangt, kann sich der Kleber lösen, sodass die Pinselhaare ausfallen können.
- Normalerweise reicht bei der Reinigung klares Wasser vollkommen aus. Für eine intensivere Reinigung kannst du auch mal zu Kernseife oder spezieller Pinselseife greifen.
- Bei ausgefransten Pinseln ist herkömmliches Haargel oft die Rettung. Streiche das Gel sanft über die Pinselhaare, sodass sie spitz zulaufen, und lass den Pinsel anschließend liegend trocknen.

PAPIER

Das Papier spielt in der Aquarellmalerei eine große Rolle, denn gutes Papier ist entscheidend dafür, wie das Resultat eines Motivs später aussehen wird. Die Papierstärke sollte zwischen 150 und 300g/m² liegen, damit das Papier nicht wellig wird oder die nassen Farben durchsickern. Am liebsten verwende ich das Mixed Media Multi-Techniques Aquarellpapier von Clairefontaine in den Formaten DIN A4 und DIN A5. Ich habe festgestellt, dass ich auf größeren Formaten schnell den Überblick verliere und nicht weiß, wo ich mein Motiv positionieren soll. Daher empfehle ich, erst mal auf kleineren Formaten zu malen, das fällt um einiges leichter. Natürlich habe ich mit den Jahren die verschiedensten Papiere ausgetestet und bin letztendlich bei dem genannten Papier von Clairefontaine hängen geblieben, da es für filigrane Arbeiten prima geeignet ist und eine sehr glatte Oberfläche aufweist. Selbstverständlich kannst du aber selbst mit verschiedenen Papiersorten herumexperimentieren, um dein absolutes Lieblingspapier zu finden. Manche Papierhersteller bieten dafür einzelne gratis Testblätter an, damit man die verschiedenen Papierarten austesten und sie fühlen kann. Das eine perfekte Papier gibt es nicht.

Schlussendlich musst du selbst entscheiden, womit du dich am wohlsten fühlst und was du damit kreieren möchtest.

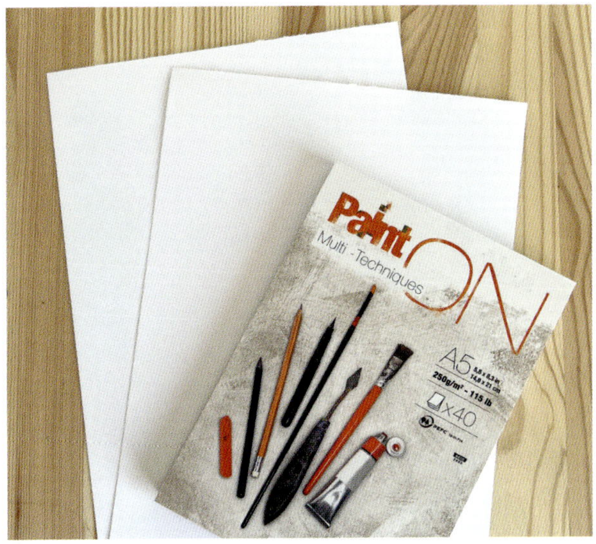

TIPP

Falls dein Papier trotz hoher Papierstärke doch wellig wird, kannst du es ganz leicht wieder in Form bringen. Dafür feuchtest du die komplette Rückseite mit einem kleinen Schwamm an und legst etwas Schweres über dein Kunstwerk. Wichtig ist, dass das komplette Bild beschwert wird. Ich persönlich verwende dafür gerne mehrere Bücher.

SONSTIGE HILFSMITTEL

WASSERGLAS

Idealerweise solltest du dir zwei Wassergläser vor dem Malen bereitstellen. Ein Glas zum Auswaschen der Pinsel und das zweite zum Anmischen von Farbtönen. Mit diesem Trick werden die Farbnäpfchen nicht verunreinigt.

BAUMWOLLTUCH

Ein altes Baumwolltuch oder Küchentuch darf natürlich auch nicht fehlen. Damit wird das überschüssige Wasser bzw. die überschüssige Farbe von den Pinseln abgetupft. Früher habe ich gerne Küchenkrepp verwendet, wobei aber ein Haufen Müll entsteht, der auf Dauer der Umwelt schadet.

BLEISTIFT

Für die Vorzeichnungen empfehle ich dir einen Bleistift mit festerem Härtegrad, da das Grafit dann weniger leicht verschmiert und man automatisch saubere Linien zeichnen kann. Gehe beim Zeichnen sehr sanft mit dem Bleistift um, damit sich die Bleistiftrückstände leichter wegradieren lassen.

LINEAL

Mit einem Lineal lassen sich wunderbare Hilfslinien zeichnen, die beim Skizzieren des Motivs praktisch sein können. Außerdem nutze ich es gerne, um das gewünschte Motiv beispielsweise mittig auf dem Papier zu platzieren.

MISCHPALETTE/TELLER

Zusätzlich zum Deckel deines Aquarellkastens, oder wenn du mit Tuben arbeitest, kannst du einen alten Teller zum Mischen verwenden. Die Farbreste dürfen gerne eintrocknen, sie lassen sich jederzeit wieder mit etwas Wasser reaktivieren.

RADIERGUMMI

Um großflächige Bleistiftrückstände zu entfernen, benutze ich gerne einen ganz klassischen Radiergummi aus dem Schreibwarenhandel. Wenn es um präzisere Korrekturen geht, verwende ich einen dünnen Radierstift von Tombow (Mono Zero).

MASKIERFLÜSSIGKEIT

Maskierflüssigkeit eignet sich sehr gut, um Papierstellen zu schützen, auf die keine Farbe gelangen soll. Ich trage sie mit einem alten Pinsel auf. Sobald die Flüssigkeit ihren Dienst getan hat, rubble ich sie mit einem Radiergummi ab. Mein Lieblingsprodukt ist dabei definitiv die weiße Maskierflüssigkeit von Winsor & Newton. Allerdings ist der Geruch eher gewöhnungsbedürftig.

BLATT FÜR FARBTESTS

Angemischte Farbtöne prüfe ich vor dem Auftragen auf das Hauptmotiv auf einem Schmierblatt, dafür können Aquarellpapierreste hilfreich sein.

DECKWEISS

Um weiße Highlights besser zur Geltung kommen zu lassen, ist eine Tube Deckweiß praktisch. Damit lassen sich Glanz-Effekte zaubern, die das gewisse i-Tüpfelchen ausmachen. Manchmal kann es vorkommen, dass das Deckweiß zäher als nötig ist, dann kann man es mit etwas Wasser verdünnen.

FINELINER

Mit Finelinern lassen sich im Handumdrehen saubere Linien und Konturen kreieren. Bei der Arbeit mit meinen filigranen Motiven sind sie definitiv ein Must-have! Dabei greife ich sehr gerne auf den Sakura Micron zurück, den es in vielen Strichstärken zu kaufen gibt. Grundsätzlich empfehle ich dir die Strichstärken 0,20 mm, 0,35 mm und 0,50 mm.

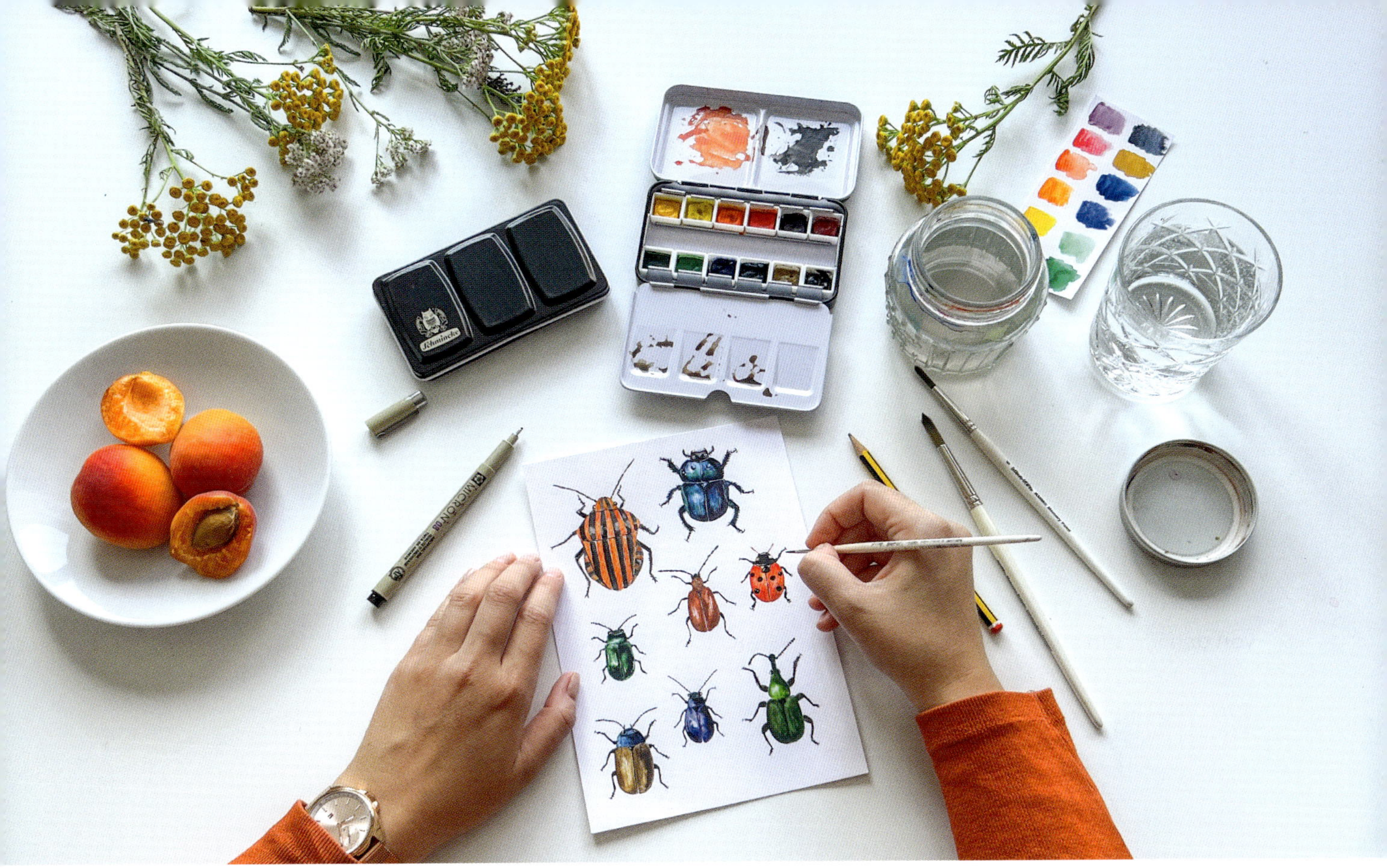

Technik

Im nächsten Kapitel möchte ich dir ein paar der wichtigsten Techniken vorstellen und so gut es geht näherbringen. Außerdem werde ich ebenso etwas näher auf die Farblehre und auf das Mischen der Farben eingehen, da dies für das Malen deiner zukünftigen Projekte sicher eine große Hilfe sein wird. Lege dir deine liebsten Malutensilien schon mal zurecht und lass uns zusammen beginnen!

FARBLEHRE

Damit du dich mit den verschiedenen Farben besser auseinandersetzen kannst und ihre Verhältnisse zueinander besser verstehst, ist ein Farbkreis eine große Hilfe. Im Internet gibt es eine Menge an Vorlagen, die man als Inspiration für einen ganz persönlichen Farbkreis nutzen darf. Denn dadurch werden die Primärfarben, die Sekundärfarben und auch die Tertiärfarben gut veranschaulicht.

- Primärfarben = Gelb, Blau, Rot
- Sekundärfarben = Violett, Grün, Orange
- Tertiärfarben = Rotviolett, Blauviolett, Blaugrün, Gelbgrün, Gelborange, Rotorange

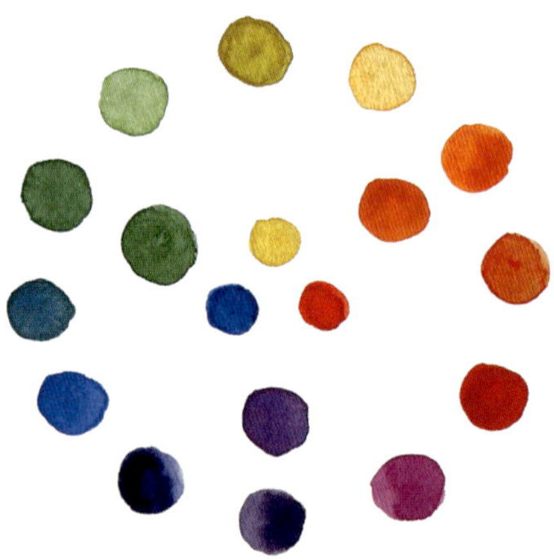

VERANSCHAULICHUNG DER FARBMODELLE

Primärfarben bestehen aus einem reinen Farbton und werden auch Grundfarben genannt. Mit diesen Farben lassen sich alle möglichen Farbkombinationen mischen, die es in der Aquarellmalerei gibt.

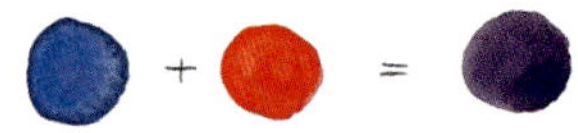

Sekundärfarben bilden sich durch das Zusammenmischen von zwei Primärfarben. Zum Beispiel: Blau + Rot = Violett

Tertiärfarben entstehen, wenn man eine Primärfarbe mit einer Sekundärfarbe zusammenmischt. Dadurch bildet sich eine dritte Farbkombination. Zum Beispiel: Blau + Grün = Blaugrün

WARME UND KALTE FARBEN

Wenn du dich etwas länger mit dem Farbkreis beschäftigst, wirst du sicherlich merken, dass er aus warmen und kalten Farben besteht. Alle Farben, die zwischen Rot und Gelbgrün stehen, werden als warm empfunden und lösen ein Gefühl von Geborgenheit und wohlig sein aus. Kalte Farben liegen zwischen Violett und Grün und werden teilweise als beruhigend oder traurig empfunden. Schon allein beim Betrachten dieser Farben spürt man eine gewisse Kälte.

warme Farben

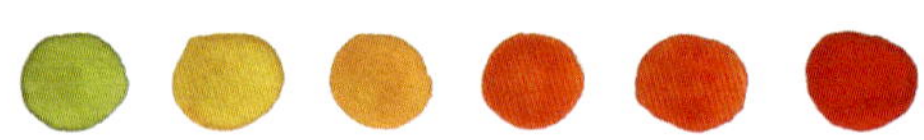

kalte Farben

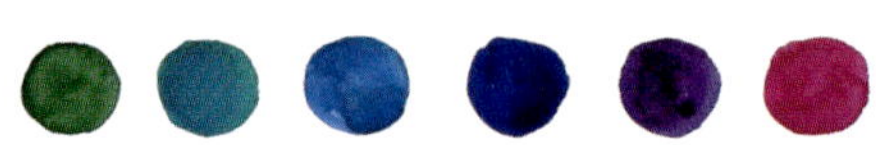

DIE FARBE WEISS

Normalerweise wird in der Aquarellmalerei die Farbe Weiß nicht verwendet. Stattdessen erreicht man durch das Aussparen von Flächen, die Weiß werden sollen, dass das helle Papier noch hindurchscheint. Bei meinen Motiven verwende ich aber sehr oft Deckweiß und Chinesisch Weiß, da es einen besonders schönen Effekt erzielt und manche Stellen gut auflockern kann. Meiner Meinung nach ist Weiß eine unverzichtbare Farbe, die in deinem Equipment keineswegs fehlen darf.

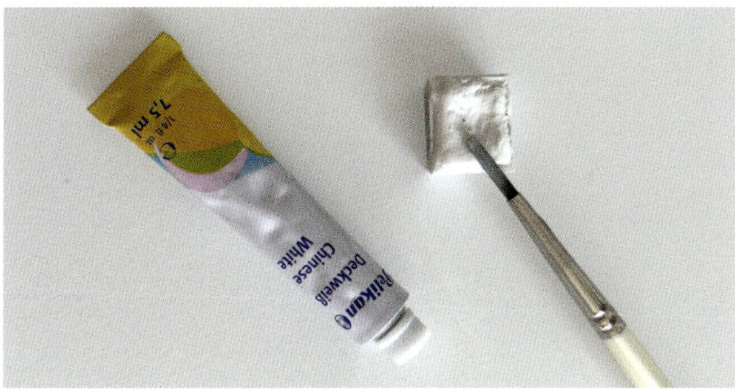

FARBEN MISCHEN

Wenn du dabei bist, dir deine eigenen Farbkombinationen anzumischen, solltest du erst mal mit helleren Farbnuancen beginnen und deine Farben nach und nach mit dunkleren Farben abtönen. Dadurch behältst du stets die Kontrolle und kannst rechtzeitig eingreifen, falls deine Kombination in die falsche Richtung gelenkt wurde. Achte darauf, dass du von jeder Farbe jeweils gleich viele Pigmente verwendest, damit eine Farbe nicht die andere Farbe übertönt. Anfangs wird es dir vermutlich etwas schwerfallen, aber mit etwas Übung solltest du schnell ein Gefühl für die Mischungen der verschiedenen Farbkombinationen bekommen. Für meine Motive verwende ich überwiegend warme und natürliche Farbtöne, die ich jedes Mal individuell in meiner Mischpalette anfertige. Nichts spricht dagegen, wenn man die benötigten Farben direkt aus dem Näpfchen nimmt, jedoch sind sie meistens zu grell und zu kräftig. Ich möchte dir zwei Beispiele zeigen, die meine Lieblingsfarbkombinationen sind und sogar öfter in meinen Motiven vorkommen.

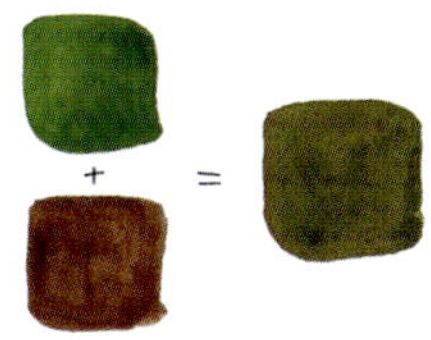

Sobald du etwas Braun ins helle Grün mischst, erhältst du einen warmen Grünton, der mit realitätsnahen Naturmotiven prima harmoniert.

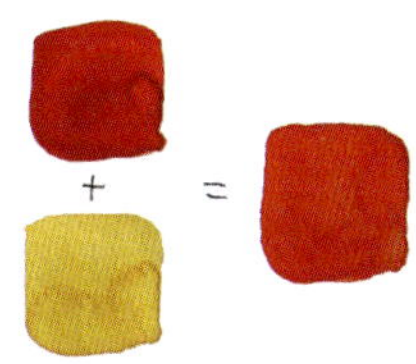

Dasselbe Prinzip gilt, wenn man etwas Gelb zusammen mit Rot mischt. Du wirst überrascht sein, wie lebendig und strahlend diese Kombination plötzlich erscheinen wird.

TIPP

Wenn du eine Farbkombination zusammengemischt hast, solltest du sie immer erst mal auf einem Schmierpapier testen. Dadurch kannst du vorab prüfen, ob dein Farbton für dich stimmt, und ruinierst nicht dein Kunstwerk.

MALTECHNIKEN

LASUR

Bei der Lasurtechnik legt man halb transparente Farbschichten an, die über bereits getrocknete Farbschichten gemalt werden. Die darunterliegende Schicht bleibt dennoch zu sehen und schimmert leicht durch. Im Bereich, in dem sich die Farben überlappen, wird die Farbe dunkler und intensiver. Allerdings sollten die verschiedenen Farbschichten gut getrocknet sein, bevor du weitere Farbschichten aufträgst.

TIPP

Aquarellfarben trocknen in der Regel recht schnell, vor allem, wenn du nur dünne Schichten aufträgst. Wenn dir die Geduld beim Trocknen der einzelnen Schichten dennoch fehlen sollte, darfst du ruhig zu einem Föhn greifen.

LAVUR

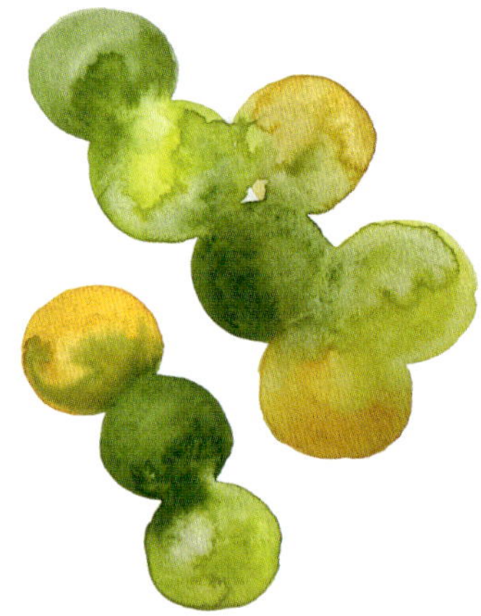

Bei einer Lavur geht es darum, einen schönen, gleichmäßigen Farbverlauf zu kreieren, der keine harten Ränder beinhalten sollte. Diese Technik wird auch gerne Verwaschtechnik genannt und ist bei Aquarellkünstler*innen sehr beliebt. Man nutzt dabei reichlich Wasser und wartet nicht darauf, dass der erste Farbauftrag trocknet, bevor man mit der nächsten Farbe fortfährt, damit sich die Pigmente leicht vermischen. Mit dieser Technik werden außergewöhnliche Effekte erzielt, da die Farben unkontrolliert ineinanderlaufen können.

TRANSPARENZ FÜR GRUNDIERUNGEN

Damit du transparente Farbflächen zum Grundieren deiner Motive nutzen kannst, solltest du das Verhältnis von Wasser zu Pigmenten erhöhen, bis die gewünschte Transparenz eintritt. In der Aquarellmalerei wird die Farbe nicht durch Beimischen von Weiß heller, sondern durch das Hinzufügen von reichlich Wasser. Bei meinen Motiven grundiere ich oft zuerst mit einer möglichst dünnen Farbschicht und gebe nach und nach kräftigere Farbschichten darauf, bis das Motiv letztendlich vollendet ist.

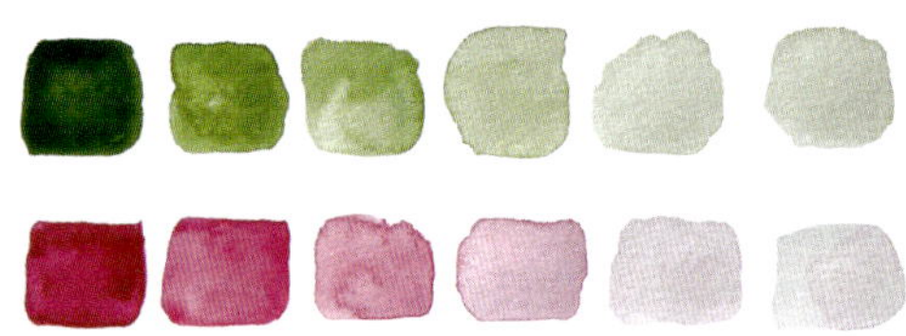

FARBEN ABHEBEN

Bei dieser Technik geht es darum, dass man die bereits aufgetragene Farbe auf dem Papier wieder leicht mit einem Pinsel oder Schwämmchen „abwäscht" und dadurch plastische Effekte darstellt. Das kann entweder im feuchten oder auch im bereits trockenen Zustand erfolgen. Viele Hersteller fügen auf ihren Farbtuben oder Näpfchen Dreieckssymbole hinzu, die mehr über die Abhebbarkeit der Farbe verraten.

Hinweise zur Abhebbarkeit der Farben findet man meist in Form von diesen Dreieckssymbolen:

△ Leicht vom Papier abzuheben

◭ Halb vom Papier abzuheben

▲ Schwer vom Papier abzuheben

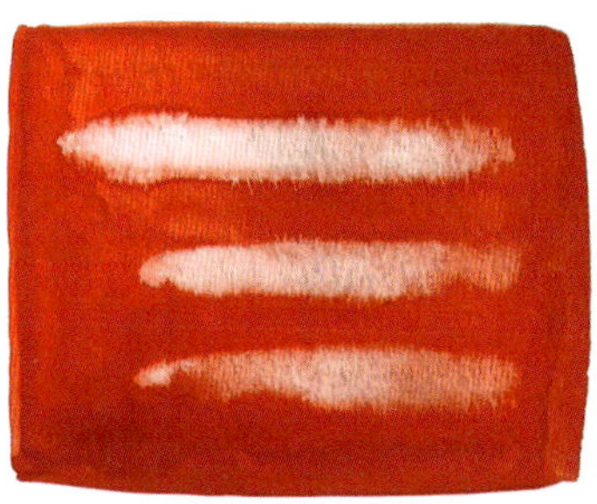

SCHMALE LINIEN

Schmale Linien ziehen zu können ist reine Übungssache. Du solltest einen möglichst dünnen Pinsel verwenden, den du in genügend Farbe tunkst und in Schräglage positionierst. Anschließend ziehst du die Pinselspitze rasch ohne Unterbrechung über das Papier. Achte darauf, dass du dabei eine bequeme Sitzposition einnimmst und dein Arm entspannt auf dem Tisch liegt.

Hier ein paar Muster, mit denen du verschiedene Linien üben kannst:

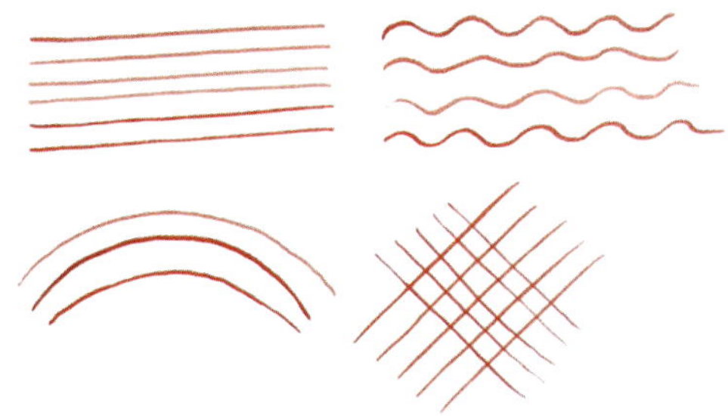

SYMMETRIE

Viele Motive in diesem Buch sind symmetrisch, das heißt, die eine Seite des Motivs wird auf der anderen Seite gespiegelt. Selbstverständlich muss nicht alles hundertprozentig identisch sein, doch eine ungefähre Symmetrie wirkt sehr ästhetisch. Folgende Methode wird dir dabei bestimmt eine große Hilfe sein.

- Zeichne in der Mitte deines Aquarellpapieres eine lange, vertikale Linie.
- Zeichne auf der linken Seite die erste Hälfte des gewünschten Motivs.
- Nimm anschließend ein Stück Backpapier und lege es über deine Zeichnung.
- Übertrage die durchschimmernden Bleistiftlinien auf das Backpapier.
- Wende nun das Backpapier und klebe es mit einem Klebestreifen auf ein lichtdurchflutetes Fenster.
- Positioniere dein Papier darüber, so dass die vertikalen Linien übereinander liegen, und pause die gespiegelte Hälfte des Motivs auf deinem Papier ab.

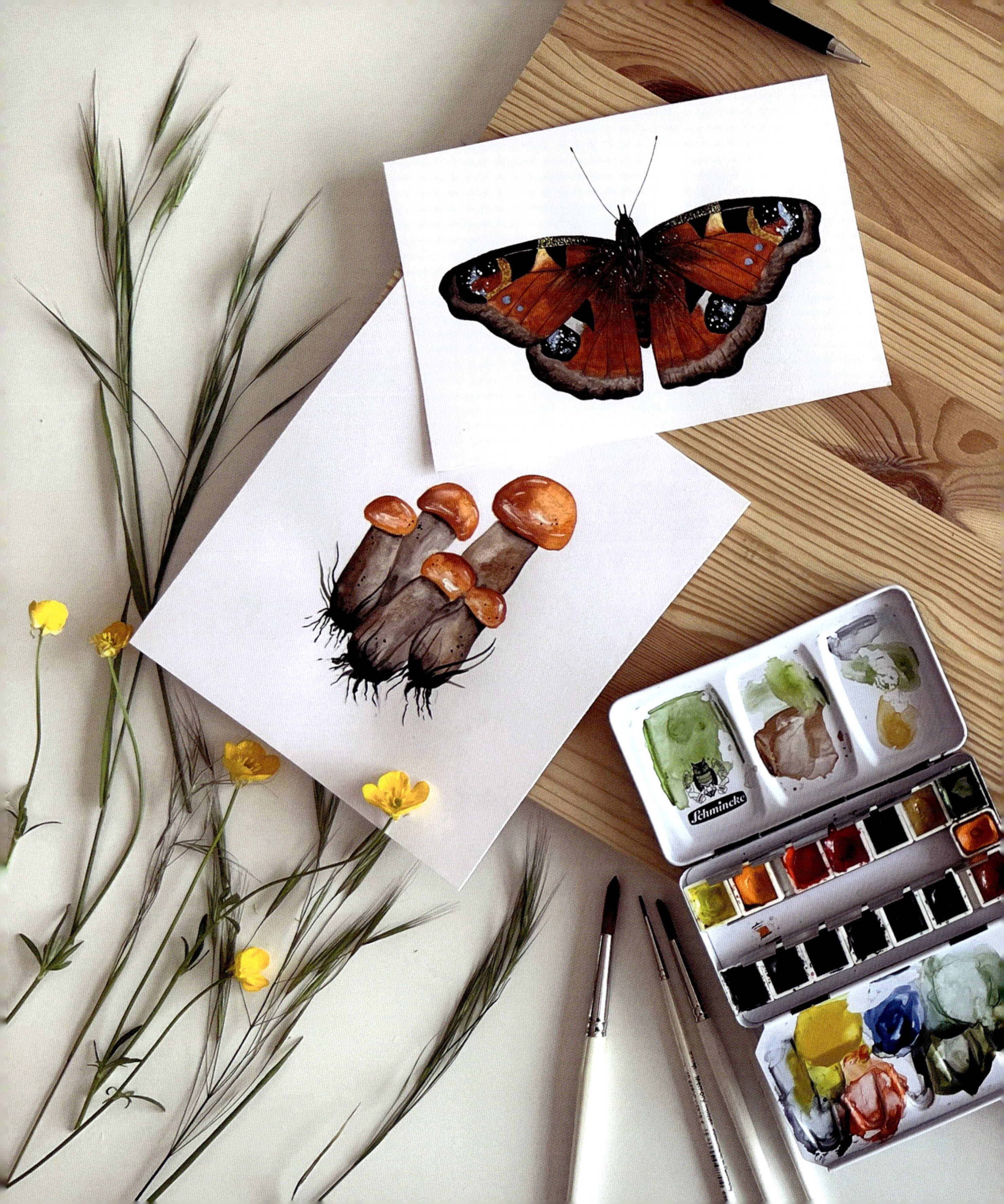
Schmincke

Projekte

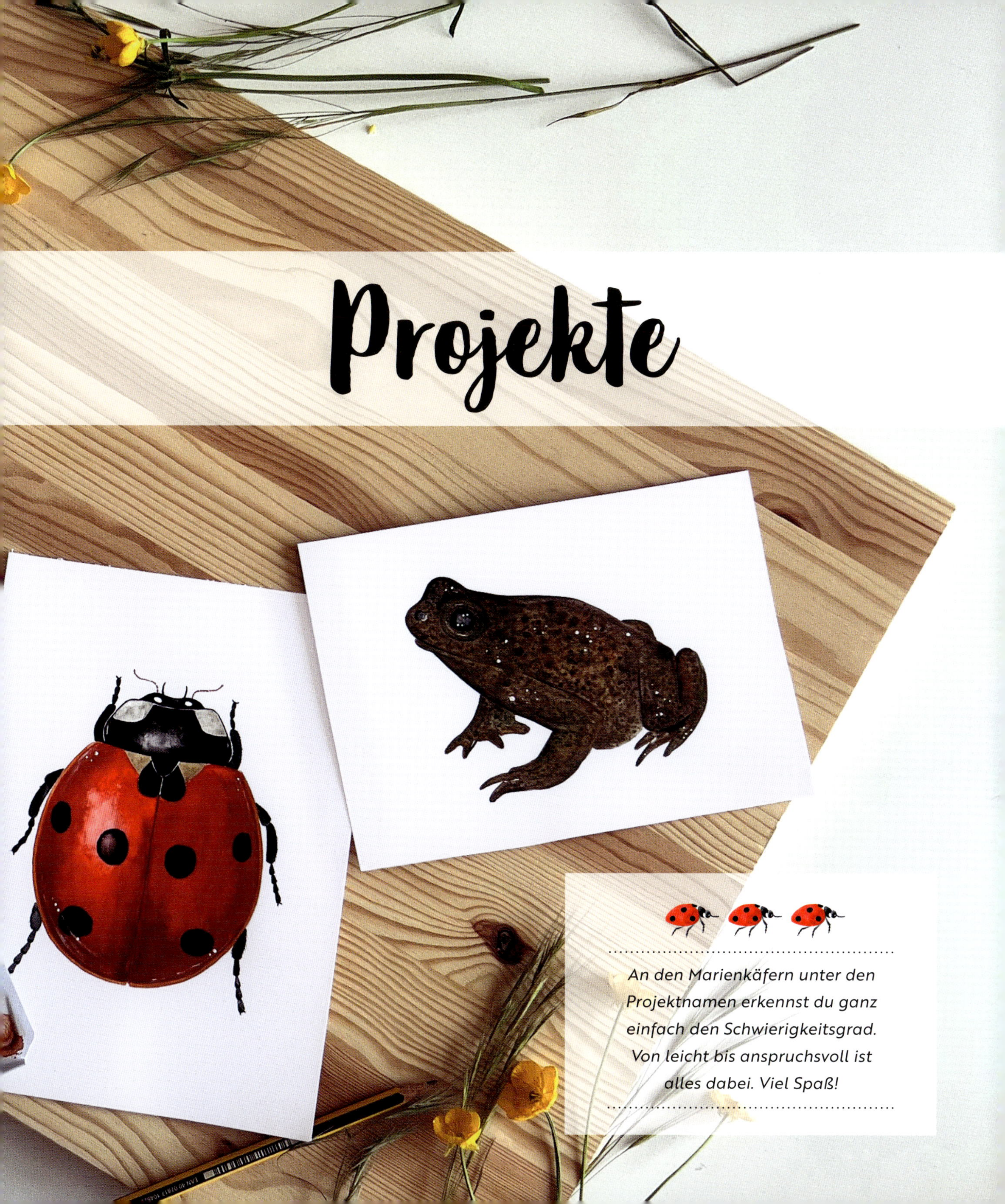

An den Marienkäfern unter den Projektnamen erkennst du ganz einfach den Schwierigkeitsgrad. Von leicht bis anspruchsvoll ist alles dabei. Viel Spaß!

Tagpfauenauge

Das Tagpfauenauge ist mein absoluter Lieblingsschmetterling und darf in meinem Buch auf keinen Fall fehlen. Das Schwierigste an dem Motiv sind die „Augen" auf den Flügeln, womit sich diese Schmetterlinge vor Fressfeinden schützen. Mit meiner Anleitung wird es dir aber wie ein Kinderspiel vorkommen, da bin ich mir ganz sicher.

DAS BENÖTIGST DU

AQUARELLPAPIER

Clairefontaine Multi-Techniques
250 g/m²

PINSEL

Rundpinsel: 6, 4 ,1, 0

FINELINER

Strichstärke 0,20 mm

FARBEN

- Hellgelb zitron
- Kadiumgelb
- Permanent Orange
- Englischrot
- Lichter Ocker
- Kobalt Azur
- Umbra gebrannt
- Sepia
- Schwarz
- Deckweiß

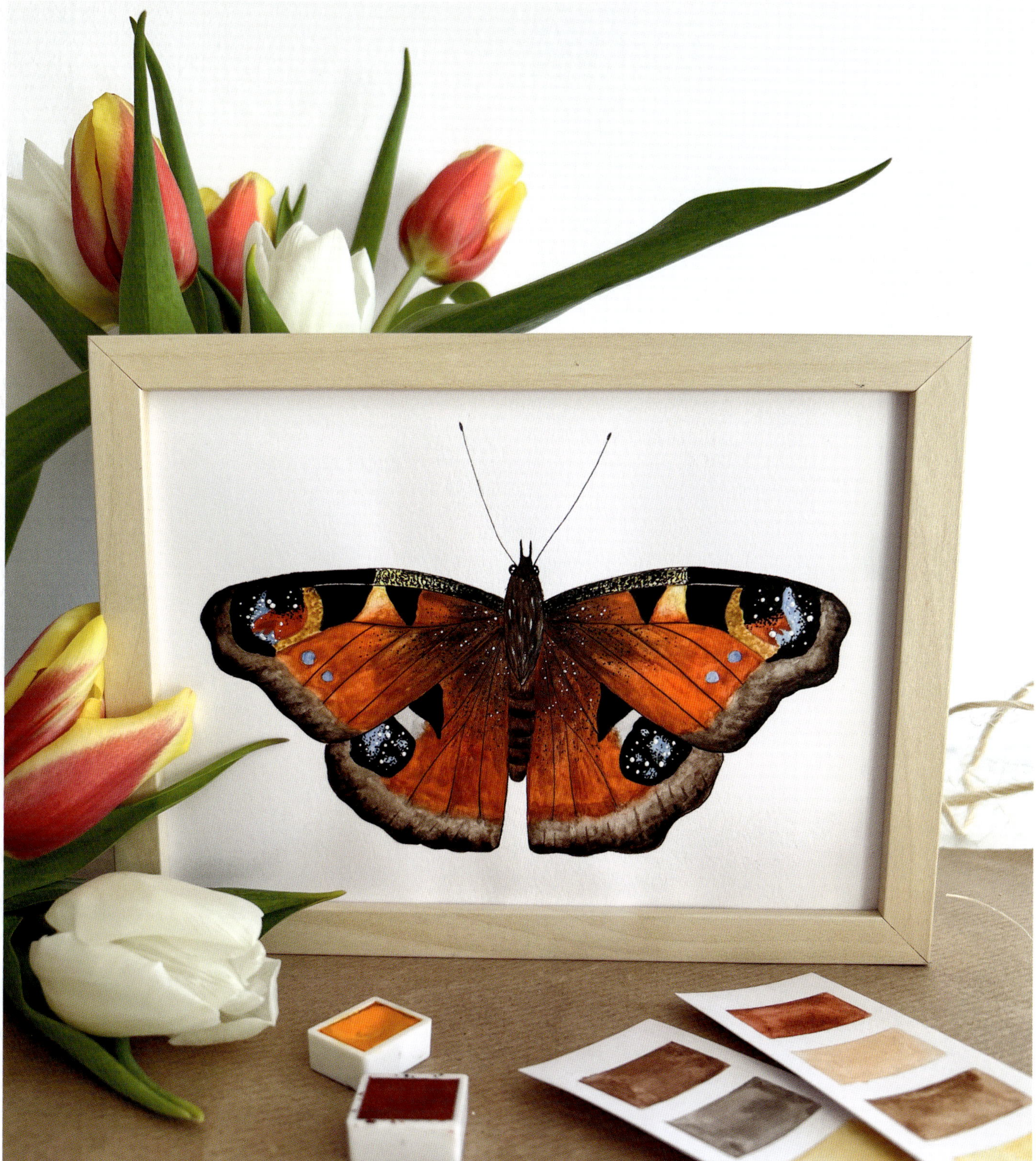

1

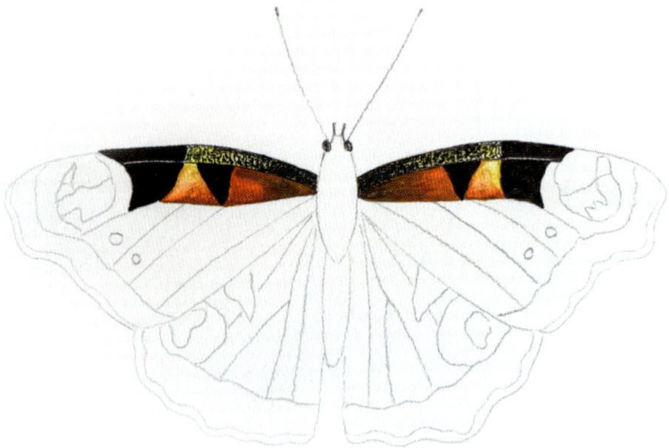

2

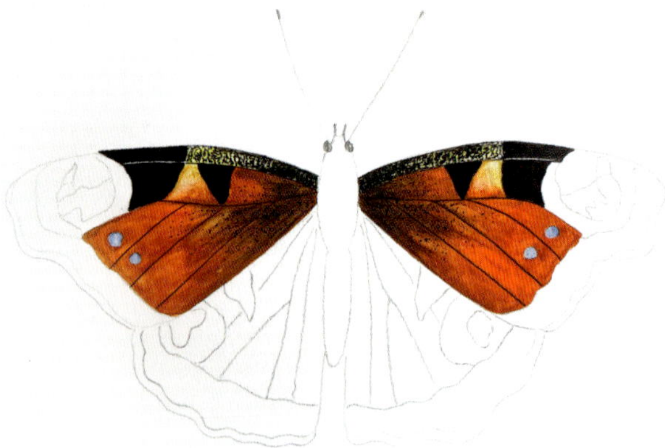

1. Starte, indem du deinen Schmetterling vorzeichnest. Beginne dann damit, den oberen Rahmen der Oberflügel mit einem hellen Gelbton zu kolorieren. Mit ungleichmäßigen Tupfbewegungen bringst du Struktur in diese Fläche ein. Mische dir einen Braunorangeton an und fülle den darunterliegenden Flügelteil mit Farbe aus. Achte darauf, dass du nach außen hin etwas heller arbeiten solltest. Nun fehlen nur noch die schwarzen Flecken, die du nach dem Trocknen des ersten Farbauftrags hinzufügst.

2. Lass alles gut trocknen, damit die Farben nicht ineinanderlaufen, und male den unteren Teil der oberen Flügelhälfte anschließend in einem Braunorangeton an. Spare seitlich zwei kleine Punkte aus, die im Nachhinein blau ausgemalt werden. Benutze einen Fineliner und ziehe feine Linien, um die Adern darzustellen. Im Innenbereich der Flügel verteilst du außerdem schwarze, kleine Punkte.

3

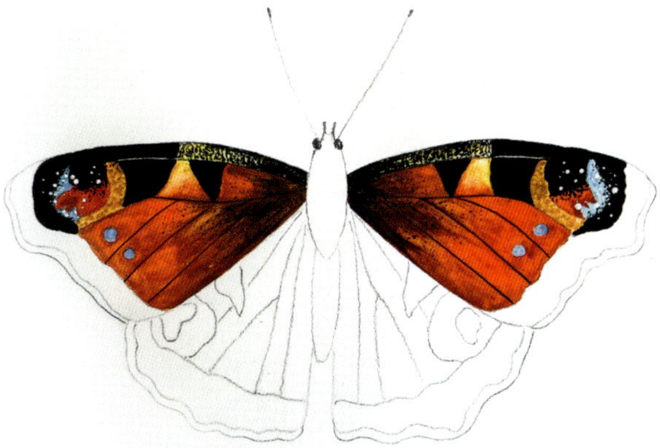

4

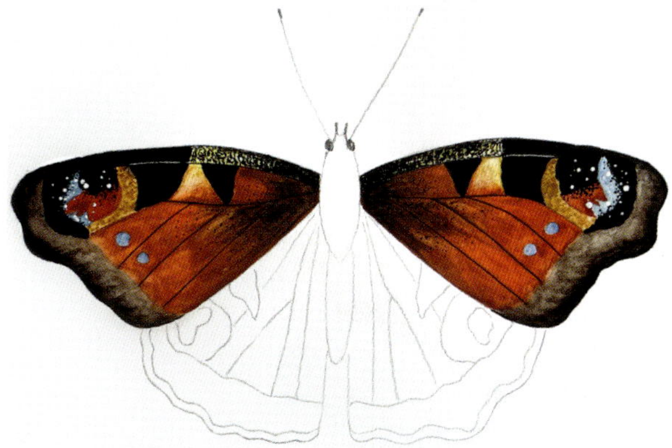

3. Jetzt fehlen noch die Augenflecken der Flügel. Hier tupfst du den rechten und linken Rand der Augen sorgfältig jeweils mit einem Blau- und einem Ockerton an. Nun arbeitest du dich von außen nach innen voran, wobei du einen Braun- und einen Schwarzton verwendest. Neben dem Augenfleck wird noch ein Teil mit Schwarz eingefärbt, der sich mit dem oberen Rahmen verbinden muss. Verteile zusätzlich weiße Pünktchen in diesem Bereich.

4. In diesem Schritt nimmst du einen dunkelbraunen Farbton auf deinen Pinsel und malst eine großzügige Linie auf den Außenrand des Flügels. Den restlichen Teil lavierst du mit einem stark verdünnten Braunton.

TIPP

Achte darauf, dass du genug Zeit zum Trocknen der einzelnen Bereiche lässt, damit die Farben nicht ineinanderlaufen.

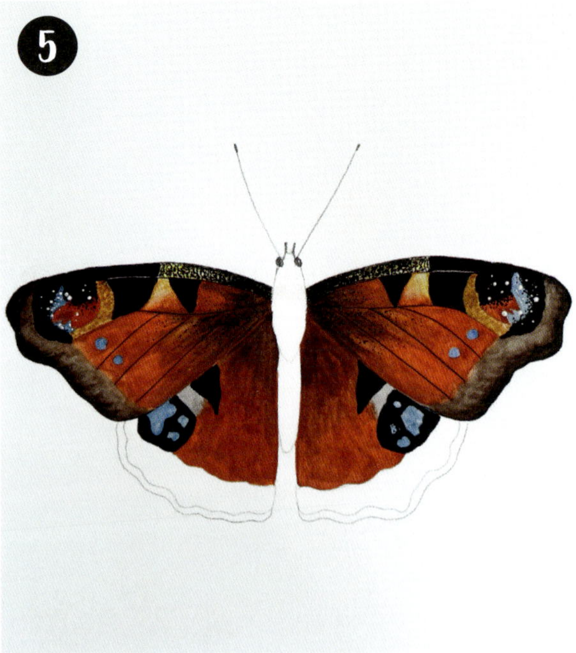

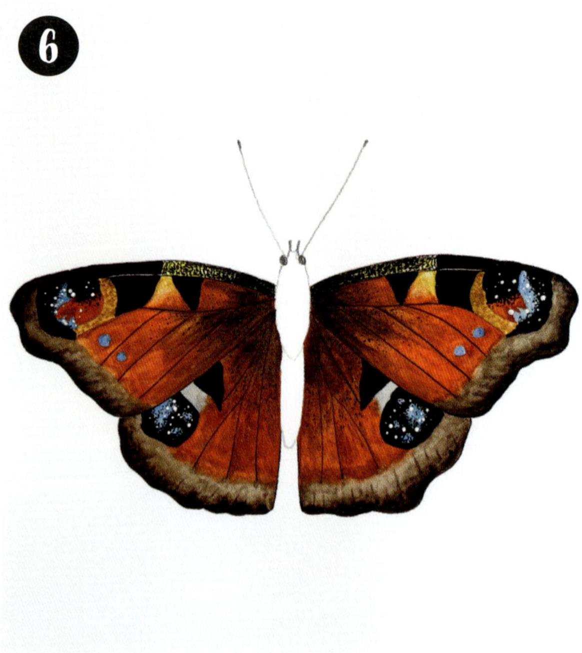

5. Beginne nun mit den Unterflügeln und färbe die zwei Augenflecken jeweils mit Hellblau ein. Nach dem Trocknen tupfst du eine schwarze Schicht darauf, wobei noch etwas von dem Blau durchscheinen sollte. Feuchte dann den kleinen Bereich über dem Augenfleck etwas an und gib einen kleinen Hauch grauer Farbe hinein. Wenn alles trocken ist, malst du den darüberliegenden Fleck schwarz aus. Mische dir erneut einen Braunorangeton an und aquarelliere den restlichen Mittelteil der Unterflügel, achte dabei auf Licht und Schatten.

6. Verwende dieselbe Technik wie bei Schritt 4. Auch hier gibst du reichlich dunkelbraune Farbe an den äußeren Rand des Flügels und schwemmst sie in den Innenbereich. Anschließend ziehst du feine Adern mit einem Fineliner nach und tupfst kleine braune Punkte in den inneren Flügelbereich nahe des Körpers. Als Nächstes bearbeitest du die beiden Augenflecke noch einmal. Minimiere den blauen Bereich mithilfe eines Fineliners noch etwas weiter. Verteile auch hier weiße Pünktchen darüber.

7

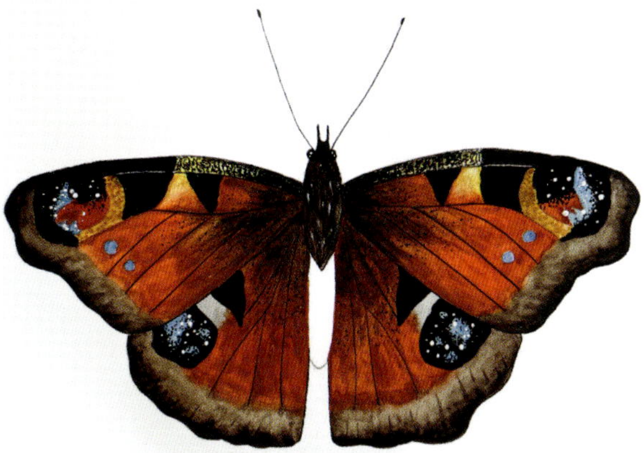

8

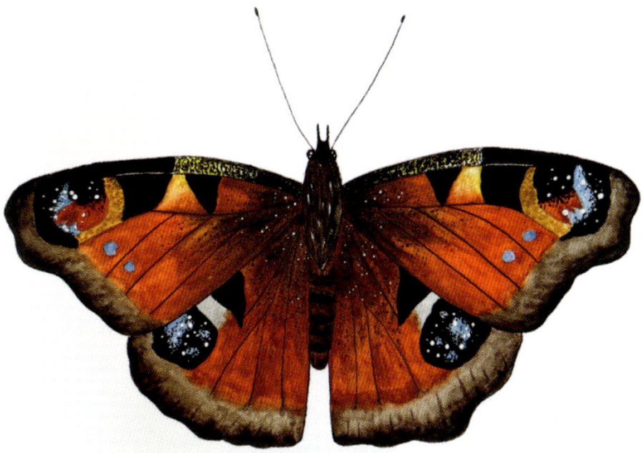

7. Da du jetzt mit den Flügeln fertig bist, kannst du dich mit dem Kopf und Körper befassen. Als Erstes malst du zwei kleine Augen und die Fühler mit einem Fineliner. Anschließend füllst du den Vorderleib mit einem dunklen Braunton mithilfe von feinen Strichen aus. Nutze dabei auch etwas Weiß, damit eine Struktur entsteht. Zwei kleine weiße Pünktchen auf den Augen als Glanzpunkte dürfen nicht fehlen.

8. Nun beginnst du mit dem Hinterleib des Schmetterlings. Verwende wieder einen dunklen Braunton, der dem beim Oberkörper verwendeten ähneln sollte, und arbeite dich mit feinen Strichen und in mehreren Abstufungen voran. Verteile noch weiße Pünktchen auf die Innenseiten der Flügel und fertig ist dein Tagpfauenauge, das bestaunt werden kann!

Rosenkäfer

Dieser wunderschön goldgrün schimmernde Käfer ist im Sommer vor allem auf Rosen, aber auch auf anderen Blüten zu bestaunen und es macht wirklich großen Spaß, ihn auf das Papier zu bringen.

DAS BENÖTIGST DU

AQUARELLPAPIER

Clairefontaine Multi-Techniques 250 g/m²

PINSEL

Rundpinsel: 9, 4, 1, 0

FINELINER

Strichstärke 0,20 mm

FARBEN

- Perylengrün
- Saftgrün
- Magenta
- Sepia
- Indigo
- Deckweiß

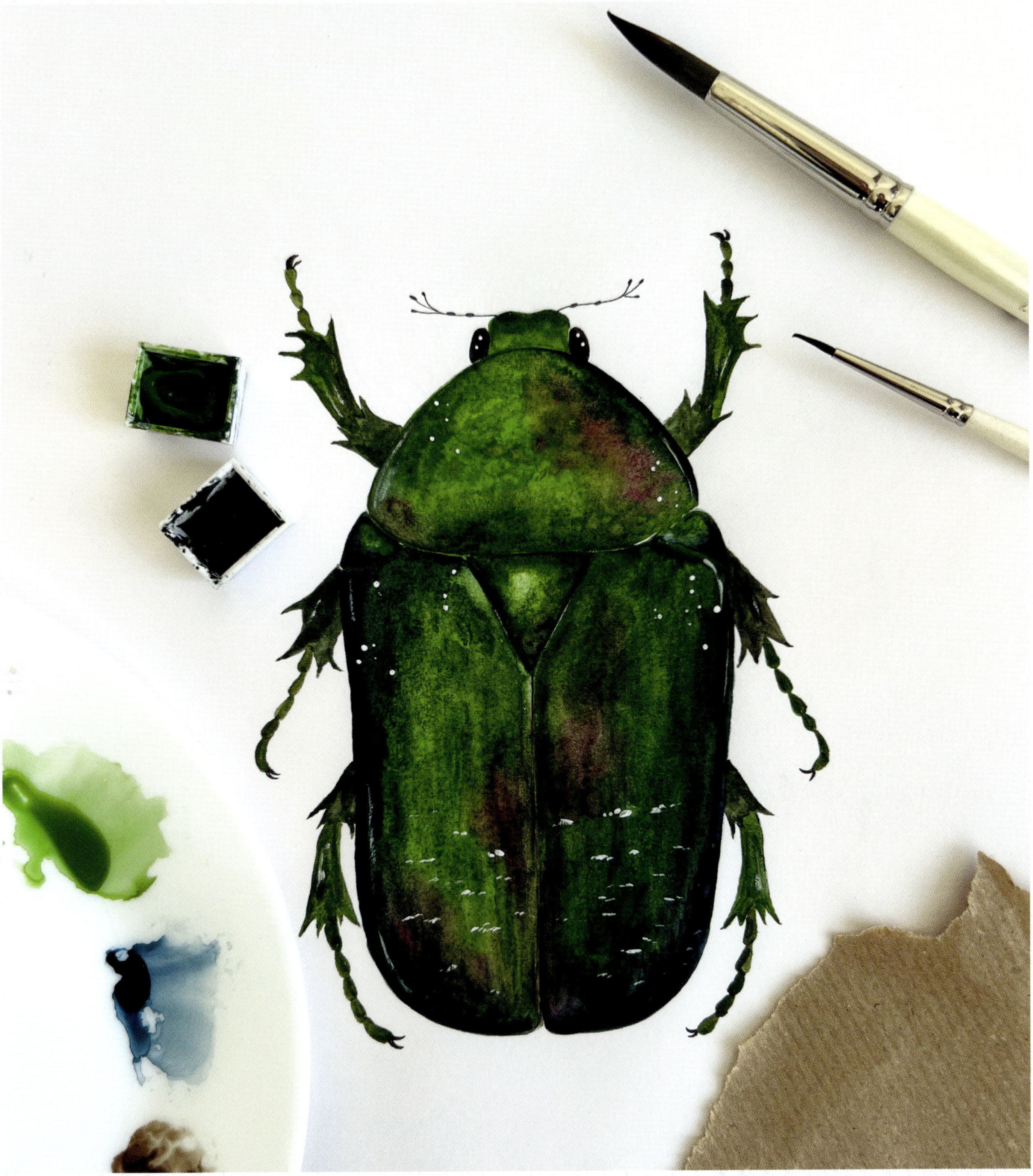

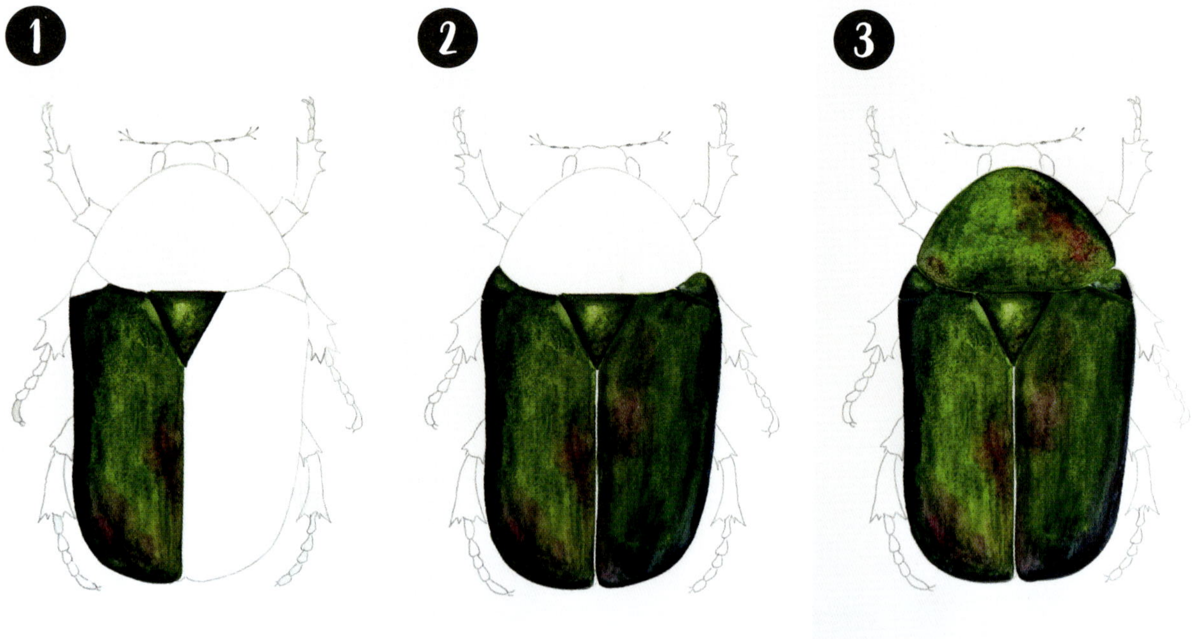

1. Skizziere deinen Rosenkäfer erst mal leicht vor und beginne anschließend mit dem linken Deckflügel. Verwende hier einen dickeren Pinsel, um die Farbe gleichmäßig verteilen zu können. Füge am Rand einen dunkelblauen Farbton hinzu und ziehe die Farbe mit etwas Wasser ins Zentrum des Flügels. Nun aquarellierst du den Rest mit einem hellen Grünton und tupfst stellenweise ein wenig Magenta hinzu. Widme dich ebenso dem Schildchen zwischen den beiden Deckflügeln und male diesen Bereich in derselben Weise aus.

2. Nun fährst du mit dem rechten Deckflügel fort und arbeitest dabei mit derselben Vorgehensweise wie beim ersten Schritt. Achte darauf, die Naht der beiden Deckflügel weiß zu lassen, um sie auseinanderhalten zu können. Male auch die zwei seitlichen Schulterblätter aus.

3. Wenn alles trocken ist, malst du den Halsschild über den Deckflügeln auf dieselbe Weise aus. Versuche, am Rand dunkler zu arbeiten, damit dieser Bereich schattig wirkt.

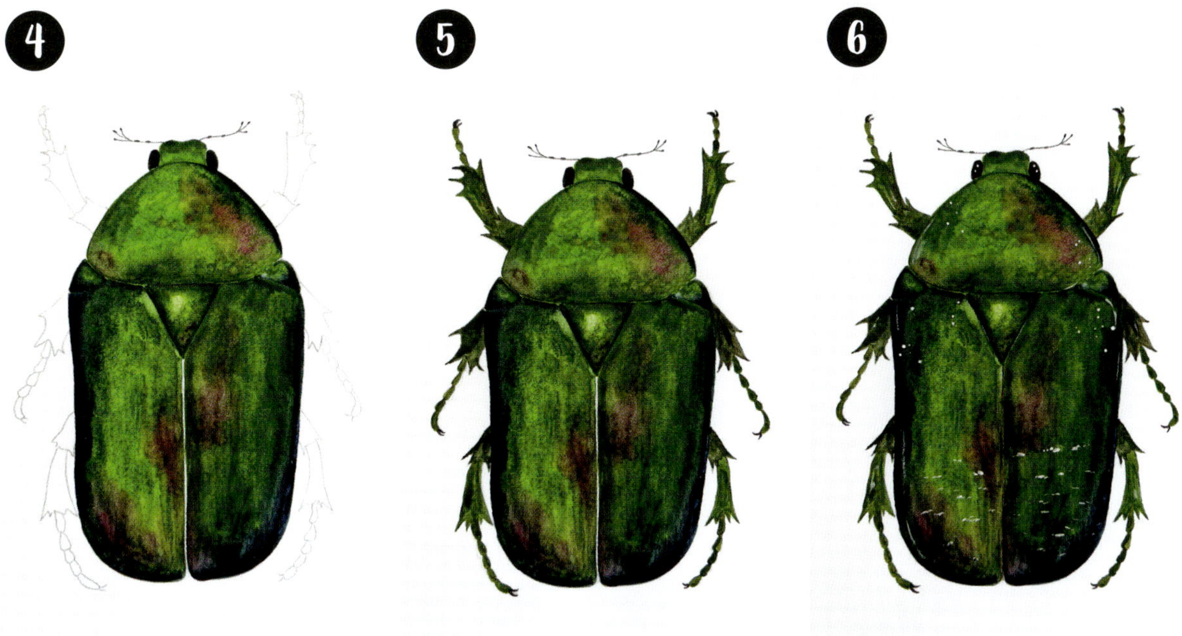

4. Als Nächstes malst du den Kopf aus. Male die zwei Augen mithilfe eines schwarzen Fineliners. Solange du den Fineliner noch in der Hand hältst, kannst du direkt die Antennen nachziehen. Versuche, dabei möglichst ordentlich zu arbeiten.

5. Mische dir aus Braun und Grün einen Farbton an, der dem Gesamtkörper ähnelt, und male die einzelnen Schienen und Schenkel damit aus. Anschließend fügst du an jedem Bein drei bis vier Tarsus-Glieder hinzu und zeichnest an den Enden zwei kleine Klauen mit dem schwarzen Fineliner.

6. Verschließe die Naht der beiden Deckflügel mit einem dunklen Braunton. Achte dabei darauf, dass du eine ordentliche Linie ziehst. Verteile überall kleine Highlights mit Deckweiß auf Deckflügeln, Halsschild und Augen. Fertig ist dein wunderbar schimmernder Rosenkäfer!

TIPP

Um schöne runde Punkte mit Deckweiß tupfen zu können, verwende ich einen spitzen Bleistift, dessen Mine ich ins Deckweiß tunke. Drücke aber nicht zu stark aufs Papier, da sonst unschöne graue Punkte entstehen.

Spitzwegerich

Jeder müsste eine Spitzwegerich-Pflanze schon mal entlang eines Gehwegs entdeckt haben. Diese faszinierende Pflanze ist nicht nur als Heilmittel bekannt, sondern lässt sich auch prima malen. Sie ist ideal, um sich mit Farben und Farbverläufen vertraut zu machen.

DAS BENÖTIGST DU

AQUARELLPAPIER

Clairefontaine Multi-Techniques
250 g/m^2

PINSEL

Rundpinsel: 6, 4, 1 ,0

FINELINER

Strichstärke 0,20 mm

FARBEN

- Perylengrün
- Sepia
- Saftgrün
- Deckweiß
- Magenta

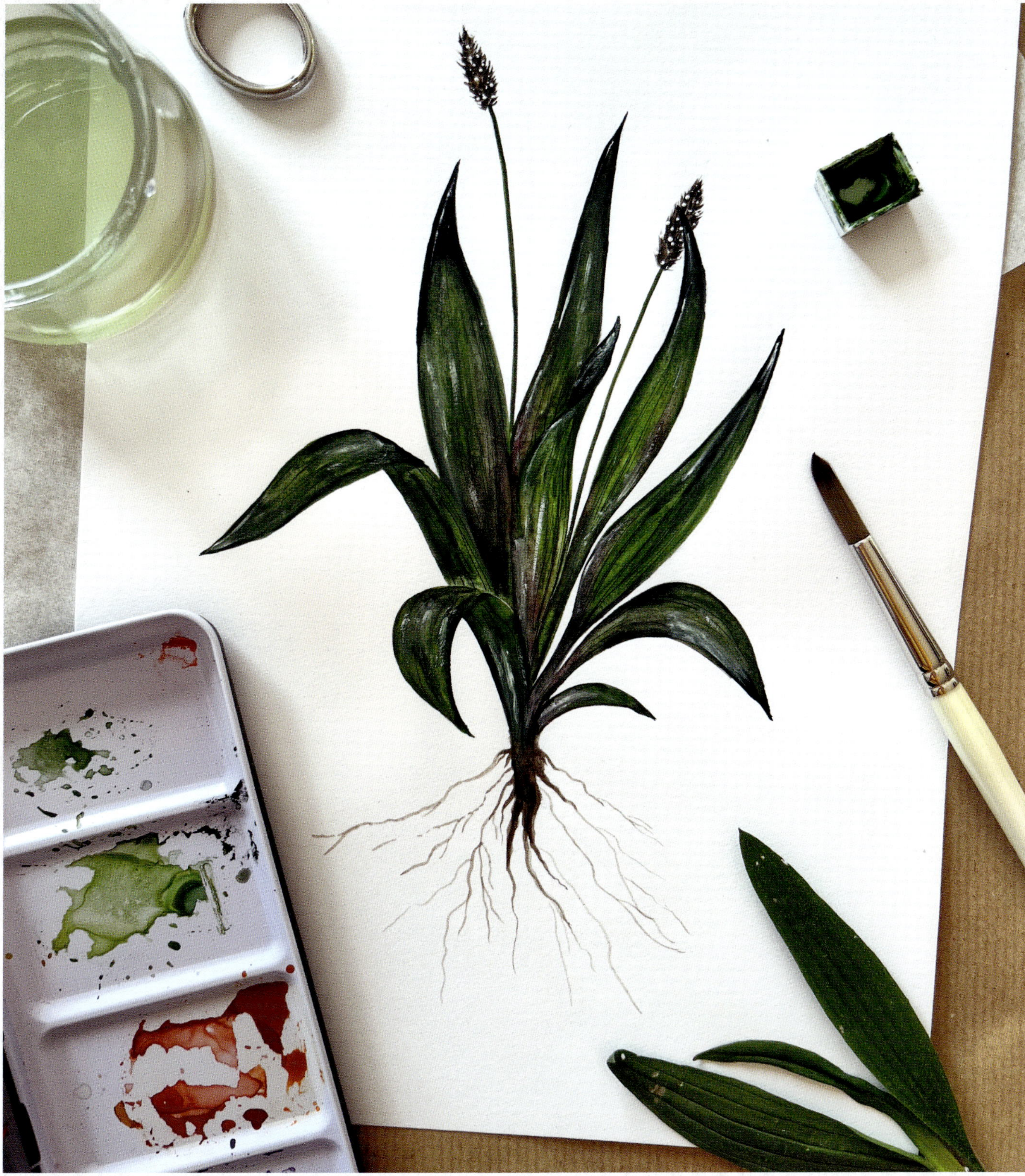

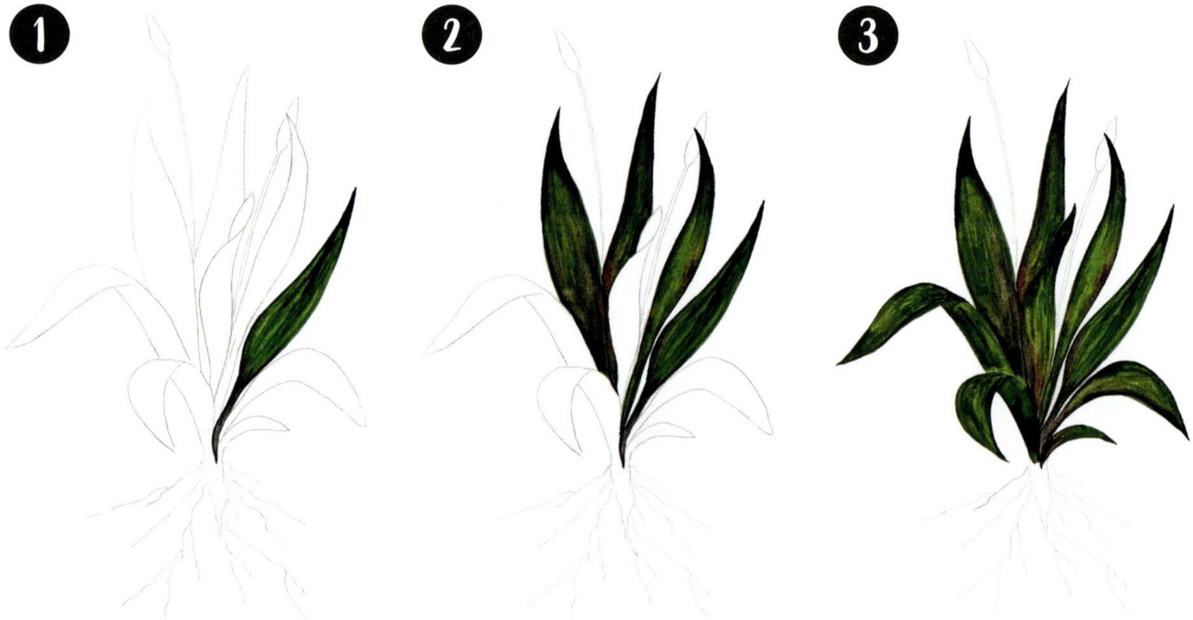

1. Skizziere deinen Spitzwegerich erst mal leicht vor. Ich habe mit einem der rechten Blätter begonnen und mich nach und nach vorangearbeitet. Fülle das Blatt zuerst mit einem hellen Grünton aus und gib anschließend dunkleres Grün in die Spitze und den unteren Teil des Blattes. Beim Stängel habe ich noch ein bisschen Magenta eingearbeitet. Achte immer darauf, dass du alle Blätter nach oben hin spitz zulaufen lässt. Solange die Farbe noch feucht ist, ziehst du mit einem sauberen Pinsel die dunkle Farbe von oben und von unten ins Zentrum.

2. Mit demselben Prinzip verfährst du auch bei den weiteren drei geraden Blättern. Du kannst dabei gerne ein bisschen mit dem Grünton spielen und etwas Braun beimischen. So sieht jedes Blatt individueller aus und hebt sich gleichzeitig von den anderen ab.

3. Nun beginnst du mit den gebogenen Blättern. Male erst mal den vertikalen Bereich mit einer Mischung aus hellem und dunklem Grün aus. Nun wartest du, bis alles trocken ist. Durch das Warten vermischt sich die aufgetragene Farbschicht anschließend nicht mit der auf dem anderen Teil des Blattes, welchen du jetzt ausmalst.

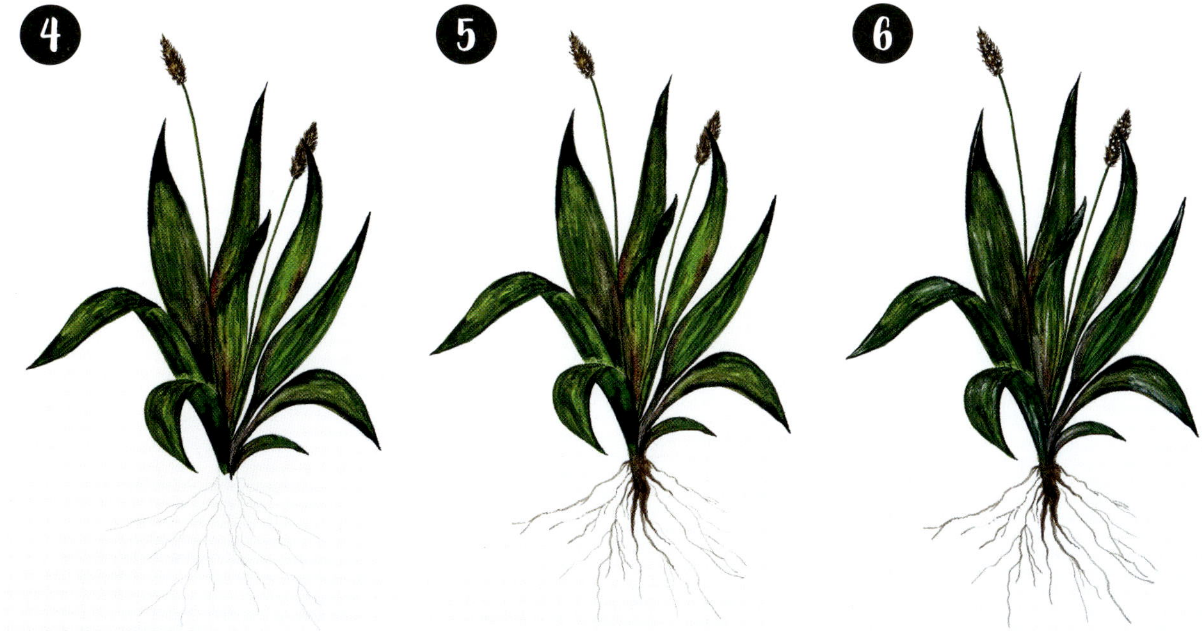

4. Im nächsten Schritt malst du die Stängel und die Blüte des Spitzwegerichs. Verwende einen möglichst dünnen Pinsel und ziehe dünne grüne Linien. Anschließend tauchst du deinen Pinsel in braune Farbe und malst die Blüte. Arbeite dich mit feinen Strichelchen hoch, bis alles bedeckt ist.

5. Male nun die Hauptwurzel mit einem Braunton aus. Als Nächstes verdünnst du etwas Braun auf einer Palette und verwendest am besten einen dünnen Pinsel beim Malen der feinen Wurzeln. Versuche, möglichst ungleichmäßige, gekrümmte Linien zu ziehen, damit es realistischer wirkt.

6. Jetzt werden die letzten Details eingefügt. Verwende einen schwarzen Fineliner und male feine Striche auf die Blätter, um ihnen eine Struktur zu verleihen. Als Letztes tupfst du kleine weiße Punkte auf die Blüten und verteilst überall ein bisschen Weiß auf die Blätter, damit sie anfangen zu glänzen.

TIPP

Feine Linien ziehe ich meistens mit einem Fineliner. Mit einem Pinsel ist so was so gut wie unmöglich, da die Händ zu stark zittert.

Hummel

Dieses Motiv eignet sich hervorragend, um präzises Arbeiten zu üben und herumzuexperimentieren. Dennoch solltest du eine ganze Ladung Geduld aufbringen, da die verschiedenen Farbbalken nicht ineinanderlaufen dürfen. Zum Glück kann man lange Wartezeiten mit einer Tasse Tee oder Kaffee überbrücken.

DAS BENÖTIGST DU

AQUARELLPAPIER

Clairefontaine Multi-Techniques
250 g/m²

PINSEL

Rundpinsel: 9, 4, 1, 0

FINELINER

Strichstärke 0,20 mm

FARBEN

- Kadiumgelb
- Goldocker
- Siena natur
- Umbra gebrannt
- Paynesgrau
- Schwarz
- Deckweiß

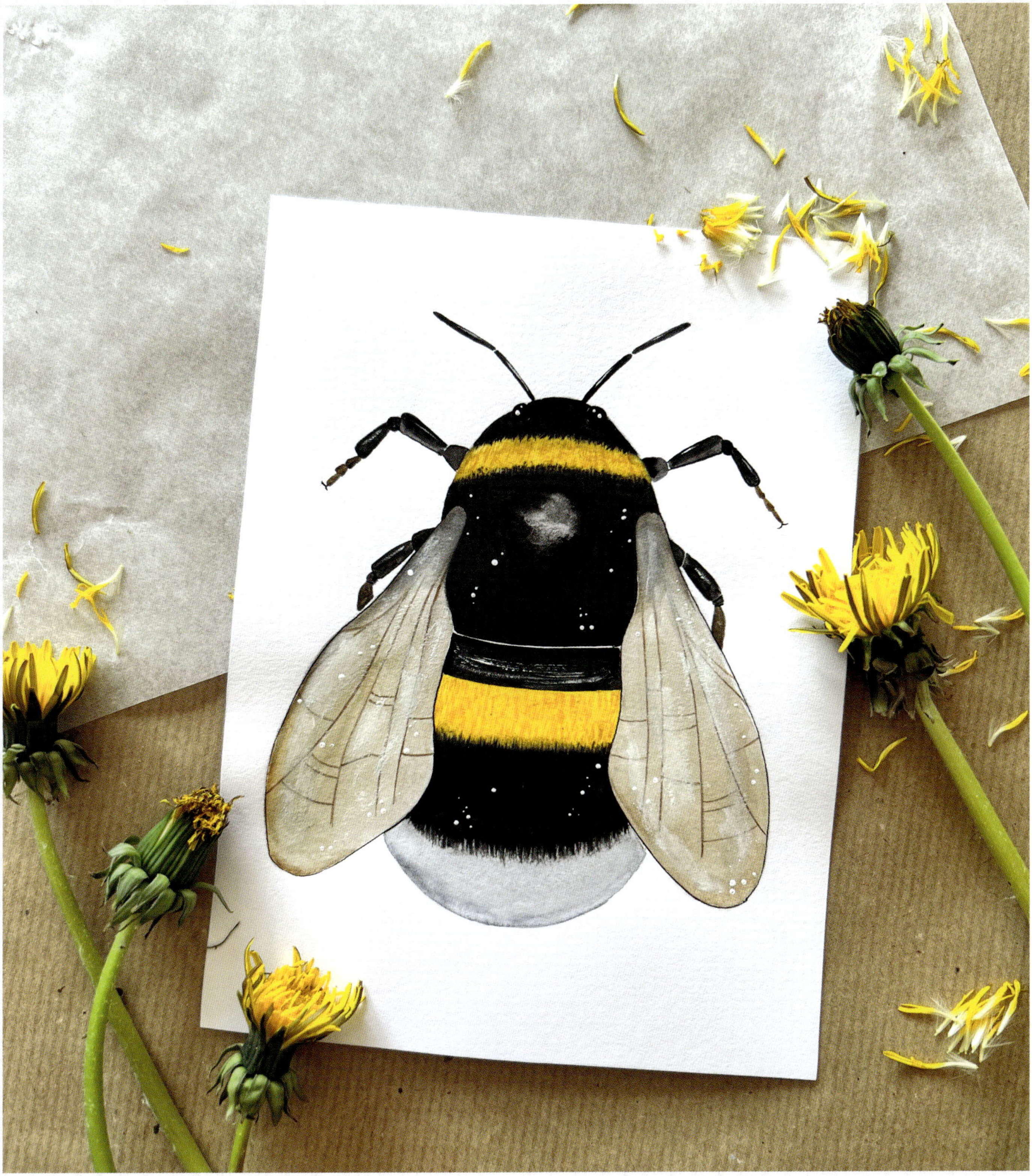

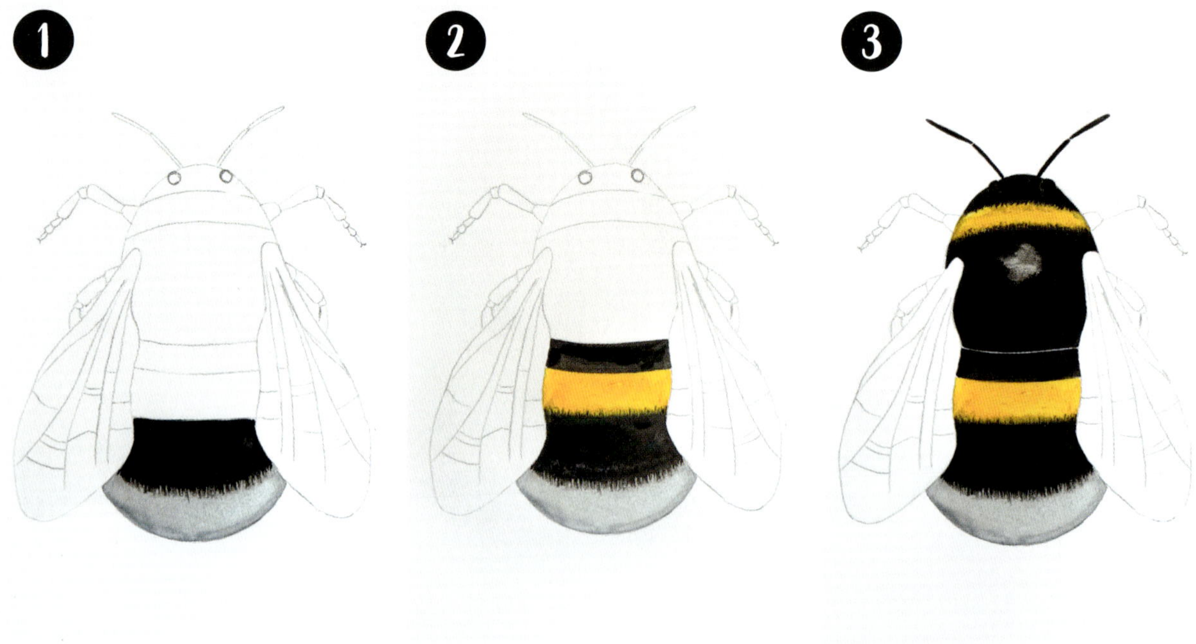

1. Als Erstes zeichnest du deine Hummel vor. Anschließend tauchst du deinen Pinsel in einen grauen Farbton und malst das Hinterteil der Hummel aus. Solange alles noch feucht ist, beginnst du mit dem darüberliegenden Streifen und malst ihn schwarz aus. Benutze dann einen trockenen Pinsel und wische die schwarze Farbe leicht über den grauen Bereich, um einen sanften Übergang zwischen den Streifen zu kreieren.

2. Arbeite dich nun mit einem gelben Streifen nach oben und warte, bis er getrocknet ist. Verbinde die schwarzen und gelben Streifen mit feinen schwarzen Härchen. Danach fügst du noch die Taille der Hummel in Schwarz hinzu.

3. Im nächsten Schritt aquarellierst du den Oberkörper der Hummel und gehst bei den Streifen wieder vor wie in den Schritten zuvor. Achte darauf, dass du im Mittelpunkt ein wenig Farbe aussparst, um den Körper runder erscheinen zu lassen. Zum unteren Körperbereich lässt du eine feine weiße Linie als Trennung stehen. Male nun noch den Kopf, die Augen und die Antennen an.

TIPP

Für die Aussparung am Oberkörper kannst du ein trockenes Tuch verwenden, um die überschüssige Farbe abzutupfen.

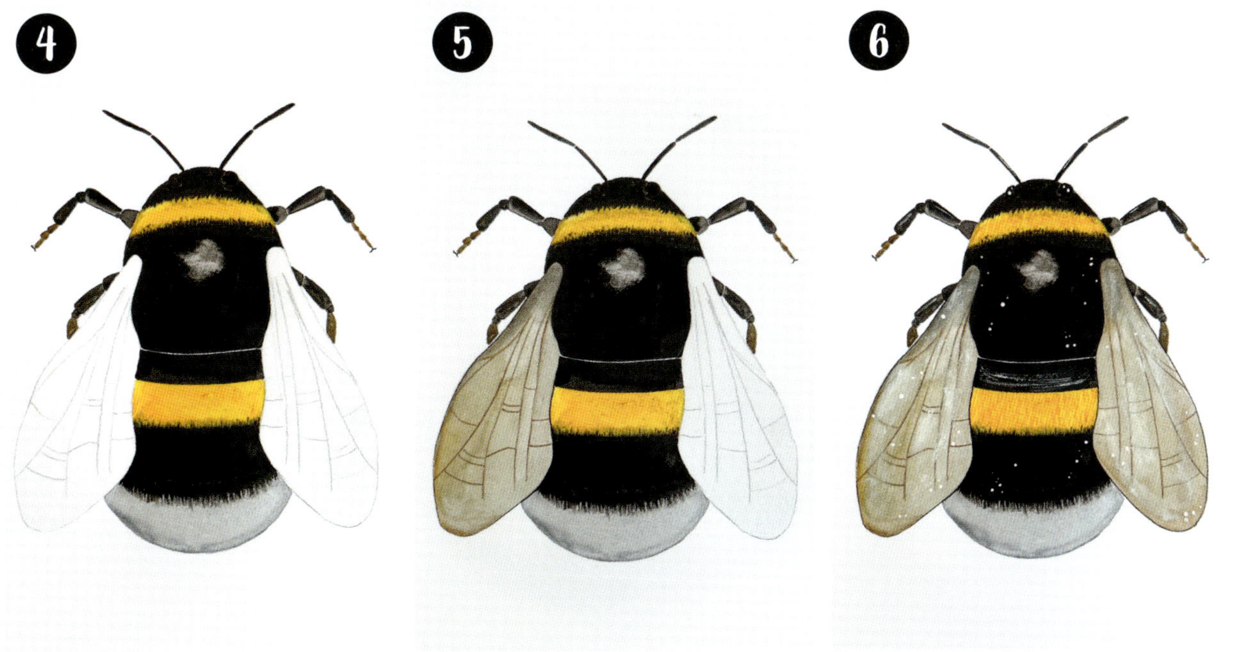

4. Wenn alles gut getrocknet ist, kolorierst du die Beine. Verwende bestenfalls einen sehr dünnen Pinsel und achte darauf, dass du sauber arbeitest. Die äußersten Gliedmaßen sollten in einem hellen Braunton enden. Gleich darauf zeichnest du zarte Füßchen mit einem Fineliner dazu.

5. Mische dir einen hellen Braunton mit viel Wasser an und grundiere zunächst den linken Flügel. Dabei kannst du verschiedene Farbnuancen verwenden, um sie realistischer zu gestalten. Als Nächstes umrandest du den Flügel etwas dunkler und verteilst hauchdünne Adern.

6. Wiederhole den letzten Schritt beim rechten Flügel. Tupfe mit Deckweiß Pünktchen auf Augen, Körper und Flügel der Hummel sowie feine weiße Striche auf die Taille und die Gliedmaßen. Für den Schimmereffekt der Flügel verteilst du hier ebenso vereinzelt etwas Weiß. Zum Schluss verteilst du rasch kleine vertikale Striche mit einem dunklen Gelbton auf die gelben Streifen.

TIPP

Drehe dein Blatt in verschiedene Positionen, um dein Handgelenk zu schonen und gerade Linien ziehen zu können.

Weinbergschnecke

Wenn du dich entscheidest, diese Weinbergschnecke malen zu wollen, musst du dir im Klaren sein, dass es in den Anfangsschritten etwas „komisch" aussehen kann. Lass dich davon aber nicht verunsichern und vertraue auf dein Können. Auf was wartest du denn noch? Lass uns gemeinsam beginnen und ein tolles Motiv aufs Papier bringen!

DAS BENÖTIGST DU

AQUARELLPAPIER

Clairefontaine Multi-Techniques
250 g/m²

PINSEL

Rundpinsel: 6, 4, 1, 0

FINELINER

Strichstärke 0,20 mm

FARBEN

- Saftgrün
- Sepia
- Lichter Ocker
- Deckweiß
- Umbra gebrannt

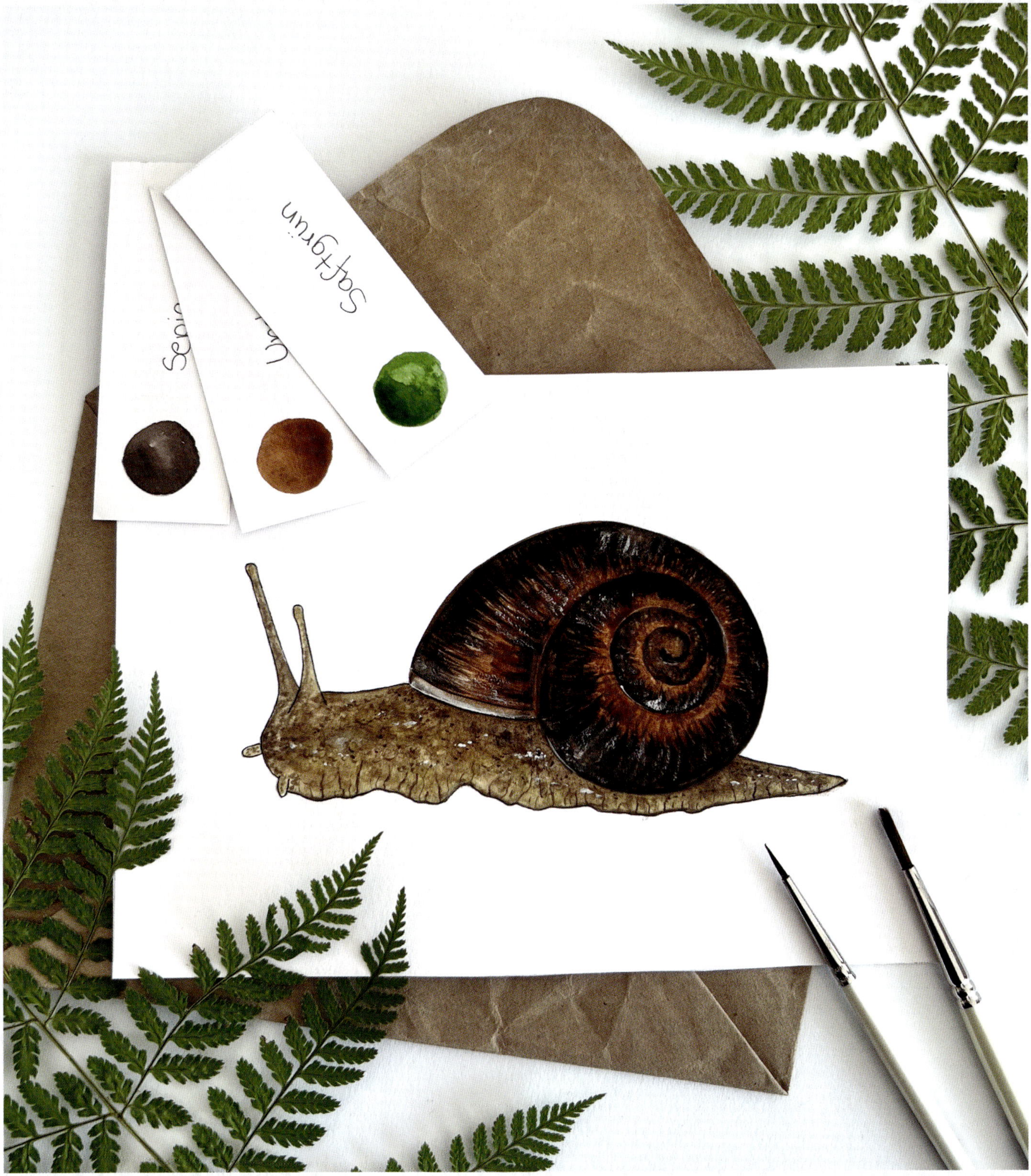
Sepia
Saftgrün

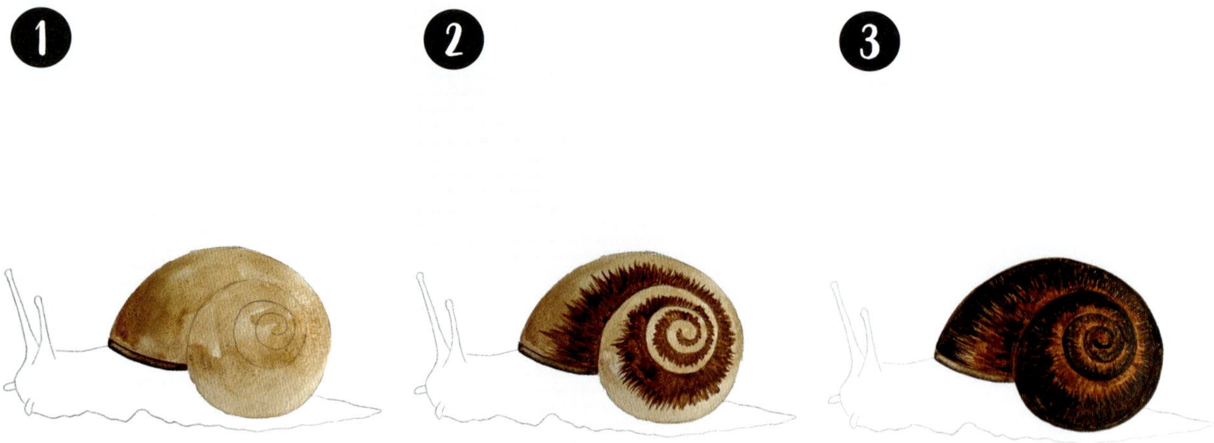

1. Beginne mit einer Vorzeichnung. Grundiere dann als Erstes das Schneckenhaus mit einem stark verdünnten Braunton und male anschließend den Rand am Eingang in dunklem Braun an.

2. Nun zeichnest du mithilfe eines dünnen Pinsels und mit einem weiteren Braunton vom inneren Rand des Schneckenhauses ausgehend schmale Pinselstriche, bis du in der Mitte der Spirale angekommen bist.

3. Zeichne als Nächstes wieder schmale Pinselstriche, diesmal mit einem noch dunkleren Braun, die am äußeren Rand beginnen und sich mit den davor gemalten Strichen verbinden, sodass keine Grundierung mehr sichtbar ist.

4

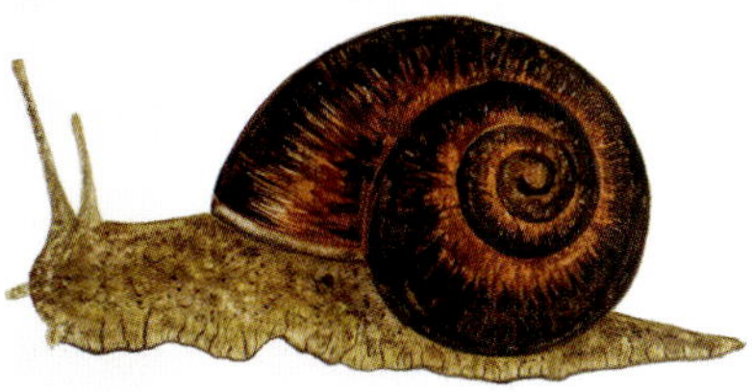

5

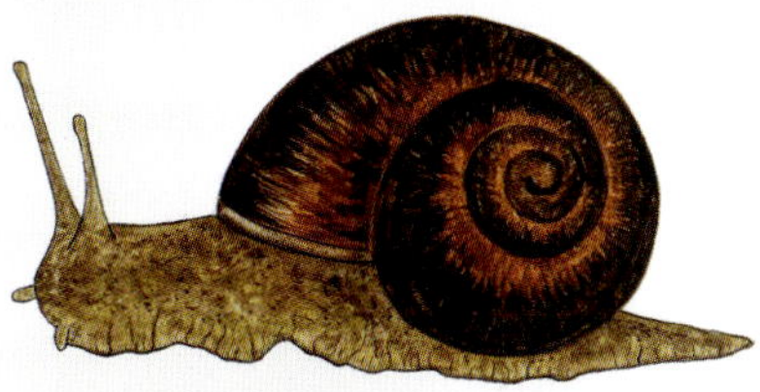

6

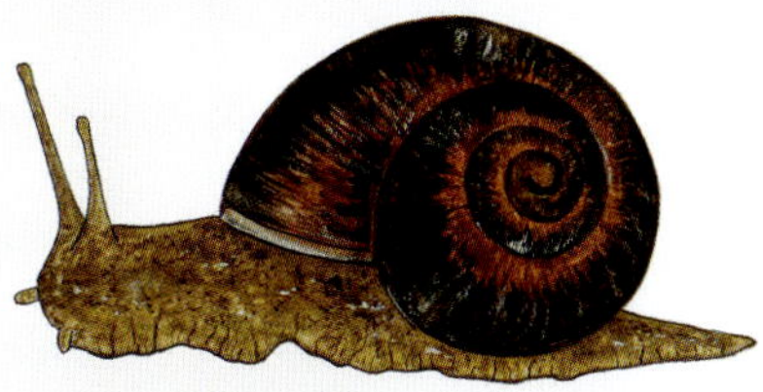

4. Mische dir einen Farbton aus Grün und Braun an und koloriere die gesamte Schleimhaut der Schnecke. Achte darauf, dass du die Schleimhaut direkt unter dem Schneckenhaus dunkler gestaltest, um den Schatten darzustellen. Jetzt steht ein wenig Fleißarbeit an, um die Struktur der Schleimhaut aufzubauen. Tupfe, verschmiere und zeichne Pünktchen darauf, um Poren anzudeuten. Füge außerdem noch feine Falten am Schleimhautrand mit dunkler Farbe und einem dünnen Pinsel hinzu.

5. Umrande im fünften Schritt die komplette Schnecke mit einem Fineliner.

6. Füge zum Abschluss partiell Glanzakzente mit Deckweiß hinzu. Schon kann deine wunderschöne Weinbergschnecke loskriechen.

TIPP

Wenn du einen hellen, leicht transparenten Ton benötigst, verdünnst du deine Farbe mit reichlich Wasser. Dies bietet sich vor allem an, wenn du dein Motiv erst mal grundieren möchtest. Für deckende Töne empfiehlt es sich genau umgekehrt: Viel Farbe und wenig Wasser verwenden.

Fliegenpilze

Fliegenpilze haben für mich immer etwas Märchenhaftes an sich und fallen in den Wäldern durch ihre leuchtende Farbe direkt auf. Das perfekte Motiv für alle, die gerne mit leuchtenden Farben herumspielen wollen. Los geht's!

DAS BENÖTIGST DU

AQUARELLPAPIER

Clairefontaine Multi-Techniques
250 g/m²

PINSEL

Rundpinsel: 9, 4, 1, 0

FINELINER

Strichstärke 0,20 mm

FARBEN

- Permanent Orange
- Lichter Ocker
- Chinesisch Weiß
- Kadmiumrot
- Englischrot
- Sepia

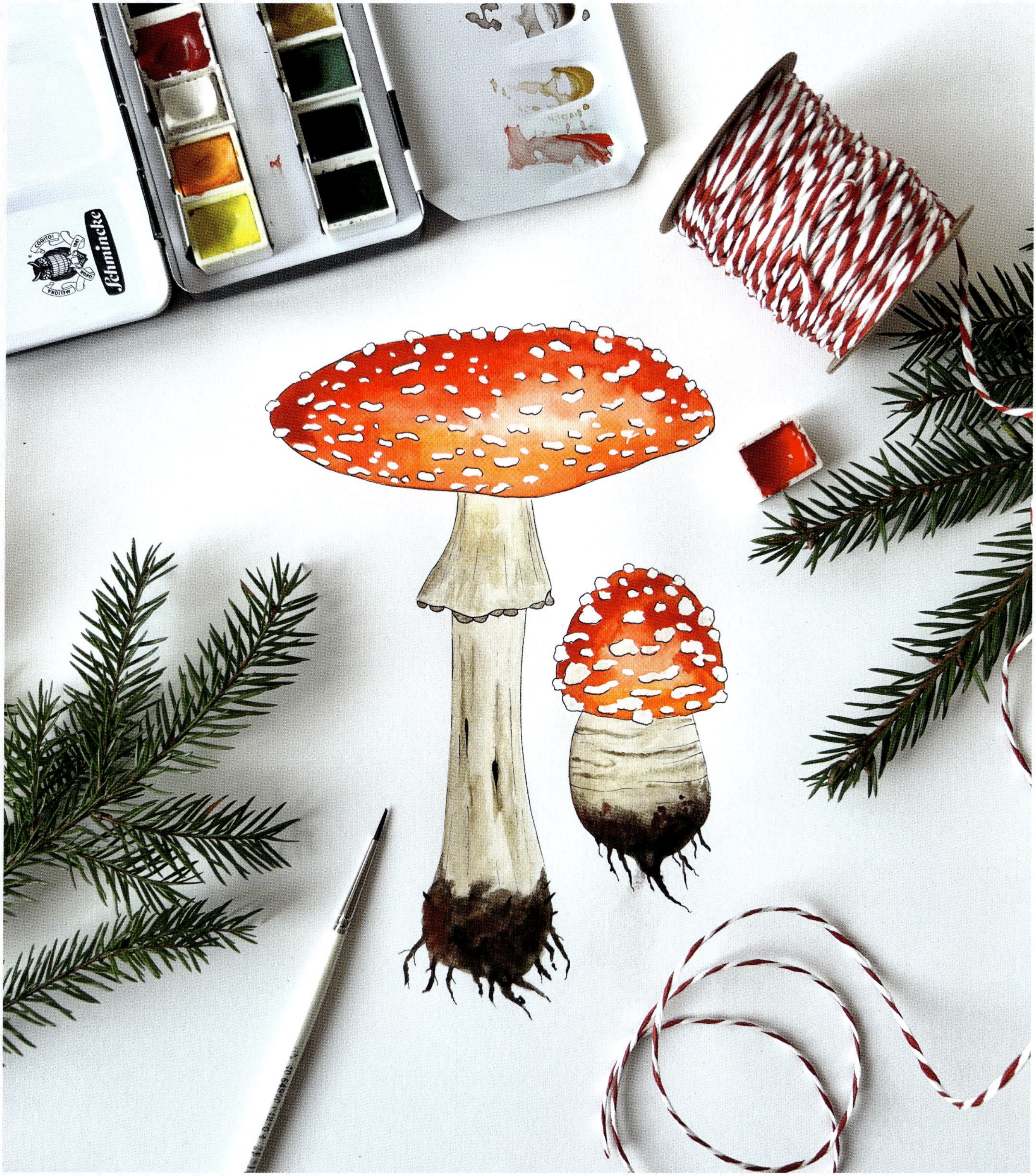
Schmincke

1

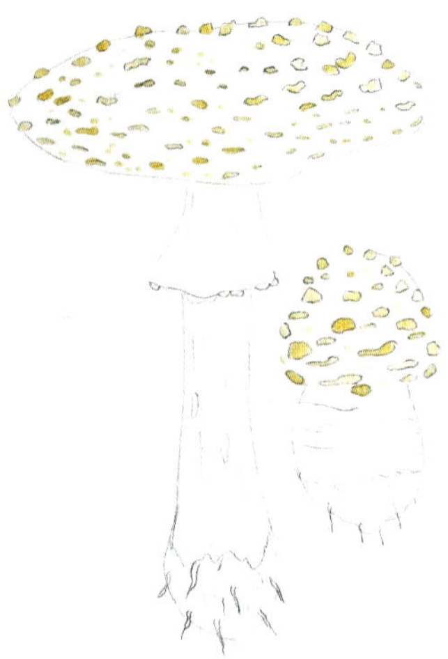

2

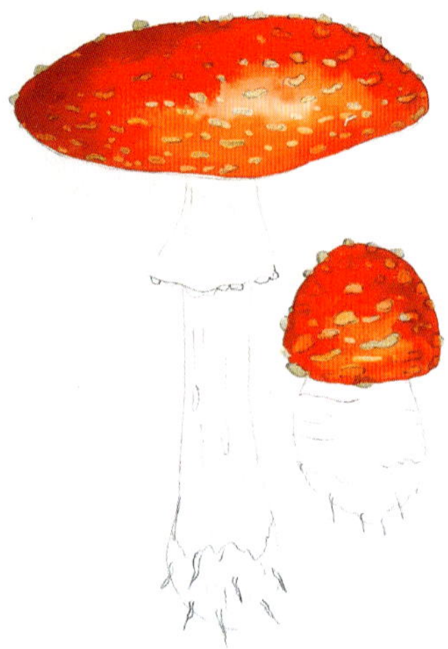

3

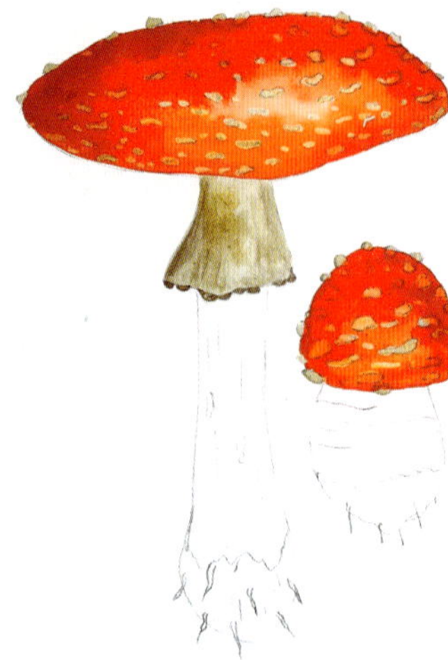

1. Fertige dir eine Vorzeichnung von zwei verschieden großen Fliegenpilzen an und bepinsle die weißen Punkte auf den Hüten großzügig mit Maskierflüssigkeit. Dazu verwende ich am liebsten einen alten Pinsel, den ich nur noch zu diesem Zweck aufhebe.

2. Sobald die Maskierflüssigkeit eine Haut gebildet hat und trocken ist, beginnst du mit den Hüten der Fliegenpilze. Verwende reichlich rote Farbe, die du im oberen Teil der Hüte gut verteilst. Nutze dann einen Orangeton und streiche den unteren Teil damit ein. Dabei solltest du darauf achten, dass du ein wenig Farbe für den Glanz aussparst.

3. Für die Manschette mischst du dir einen beigefarbenen Ton an und kolorierst die entsprechende Fläche unter dem Hut. Solange die Farbe noch feucht ist, gibst du etwas dunklere Farbtöne hinzu, um die Struktur anzudeuten, und malst die Ausbuchtungen am Rand aus.

TIPP

Ich entferne die getrocknete Maskierflüssigkeit immer mit einem Radiergummi anstatt mit den Fingern. Ansonsten kann es passieren, dass sich die Aquarellfarbe abhebt und verschmiert.

4

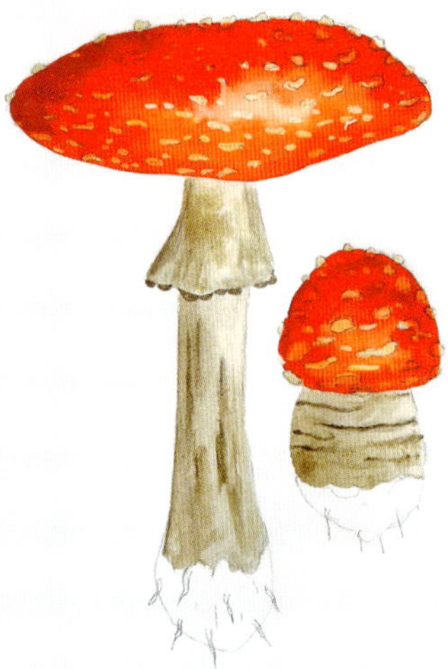

5

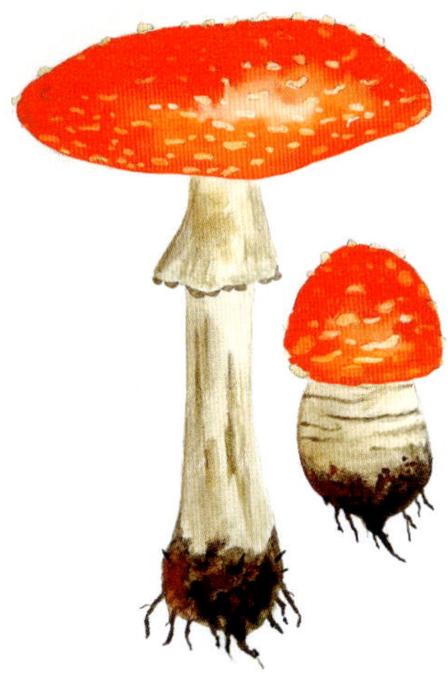

6

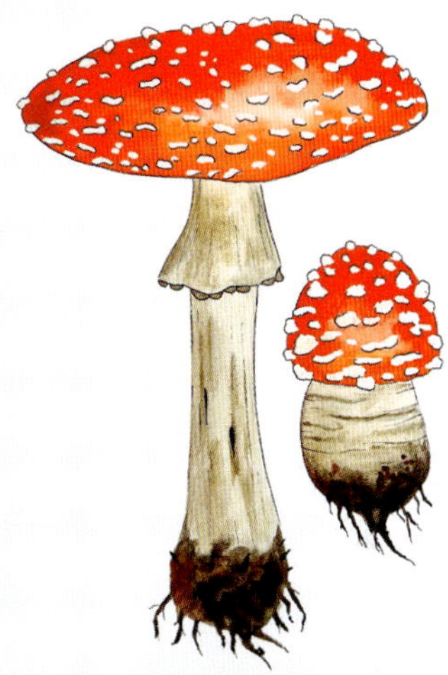

4. Nun malst du beide Stiele ebenfalls mit dem zuerst verwendeten Beigeton aus. Mit dünnen Pinselstrichen werden auch hier Struktur und Schatten mit einem dunkleren Braunton hinzugefügt.

5. Um die Wurzelknollen zu malen, tauchst du deinen Pinsel in einen dunkelbraunen Farbton und deutest damit Erdreste an. Nutze einen feinen Pinsel und male dünne, ungleichmäßige Wurzeln um die Knollen.

6. Sobald alles gut getrocknet ist, entfernst du die getrocknete Maskierflüssigkeit auf den Hüten. Umrande die weißen Punkte nur zum Teil mit einem Fineliner. Zudem umrandest du den kompletten Pilz und fügst gegebenenfalls noch feine Details auf den Stielen hinzu. Auch wenn sie nun sehr verlockend aussehen: Bitte nicht essen!

Wandergelbling

Manchmal stelle ich mir vor, wie es wäre, wenn man als Schmetterling unbeschwert durch die Lüfte fliegen könnte und den ganzen Tag von einer duftenden Blume zur nächsten schwebt. Ein wahrlich schöner Gedanke, den ich beim Malen oft in meinem Kopf trage.

DAS BENÖTIGST DU

AQUARELLPAPIER

Clairefontaine Multi-Techniques 250 g/m²

PINSEL

Rundpinsel: 4, 1, 0

FINELINER

Strichstärke 0,20 mm

FARBEN

- Hellgelb zitron
- Kadmiumgelb
- Saftgrün
- Umbra gebrannt
- Sepia
- Schwarz
- Deckweiß

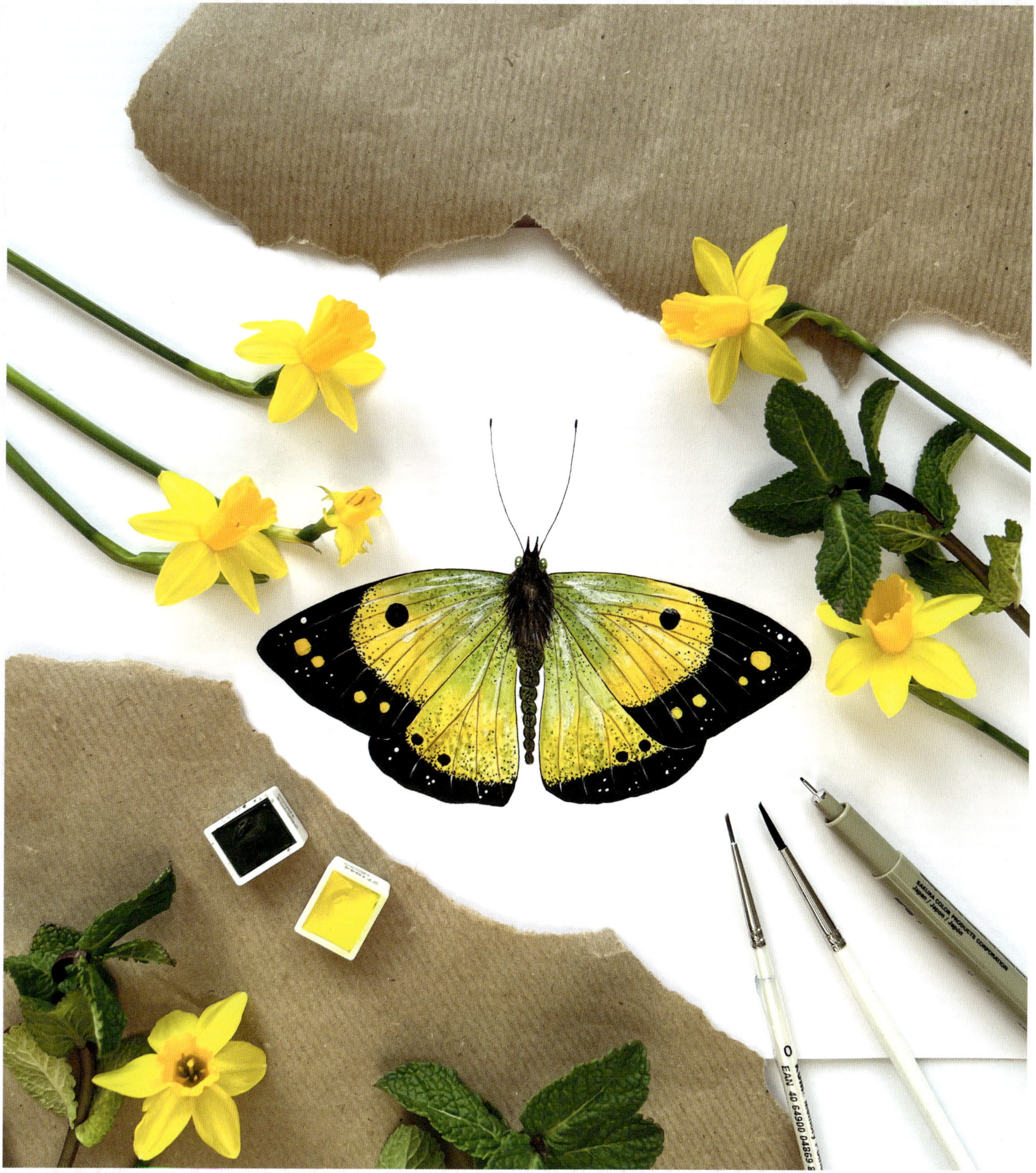

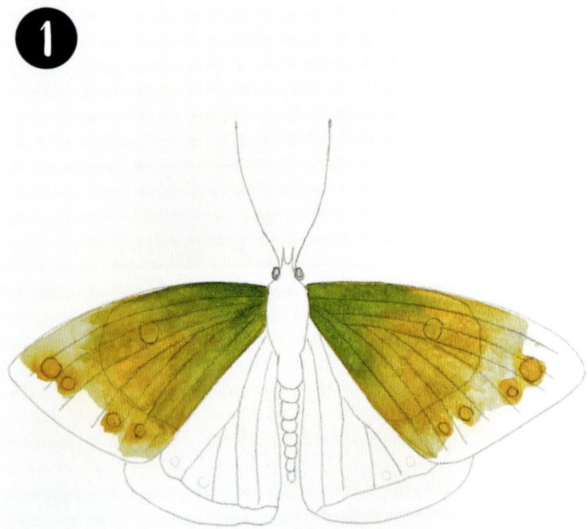

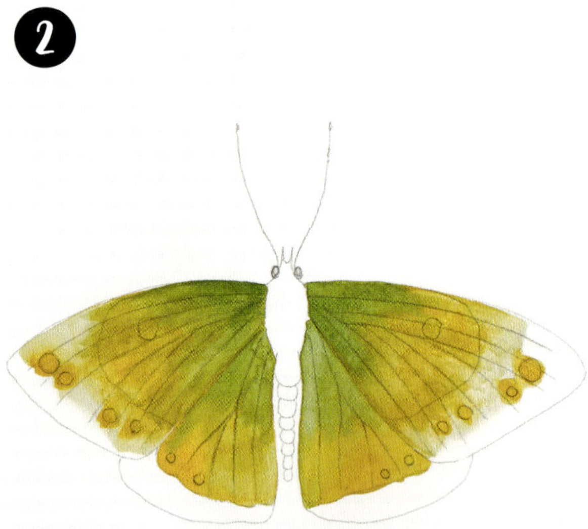

1. Beginne mit der Vorzeichnung des Schmetterlings. Starte dann mit dem Bemalen der oberen zwei Flügeln, dabei darfst du gerne auf einen dickeren Pinsel zurückgreifen. Tauche deinen Pinsel in gelbe Farbe und färbe die Flügel großzügig ein, wie auf dem Bild zu sehen. Achte darauf, dass du die Kreise an den Seiten nicht vergisst. Solange die Farbe noch feucht ist, kannst du etwas Grün an der Innenseite der Flügel hinzufügen.

2. Während der obere Bereich trocknet, kannst du die unteren Flügel nach demselben Prinzip wie eben bearbeiten.

3

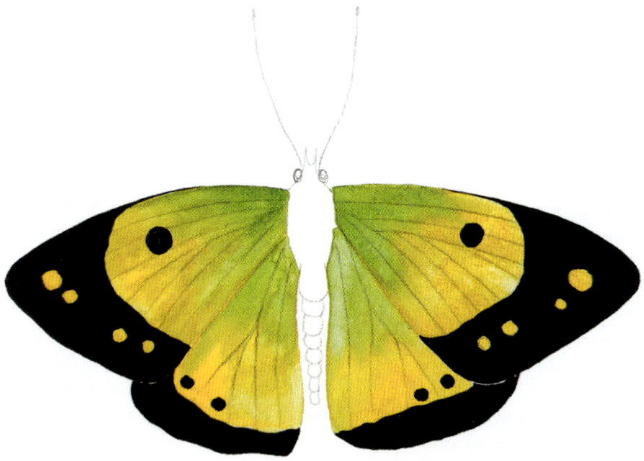

4

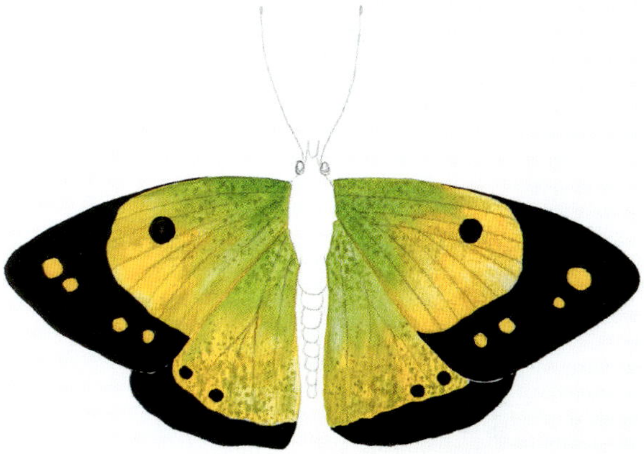

3. Sobald alles schön trocken ist, malst du die Ränder der Flügel vorsichtig mit Schwarz aus. Außerdem kommen im gelben Bereich noch jeweils ein kleiner Kreis in die oberen zwei Flügel und zwei Kreise in die unteren Flügel.

4. Nun werden in den inneren und äußeren Bereich der Flügel feine Details hinzugefügt. Hierfür verwendest du am besten einen dünnen Pinsel und tupfst kleine grüne Pünktchen auf.

TIPP

Verwende beim Auswaschen der Pinsel am besten zwei Wasserbehälter. Einen Behälter für die hellen Farben und den anderen für die dunkleren Farben. Somit verlieren die hellen Farbtöne nicht an Brillanz und bleiben sauberer.

5

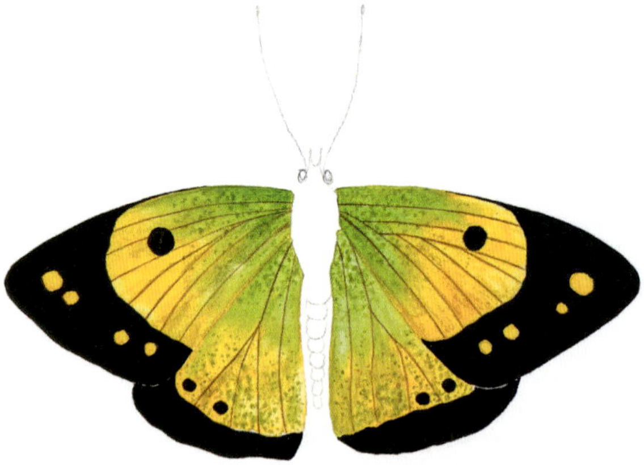

6

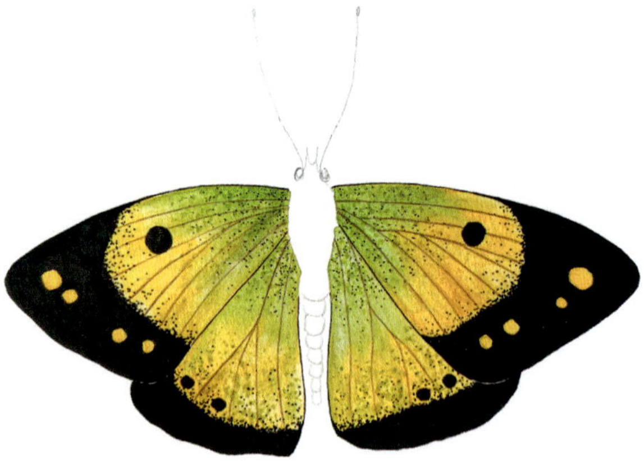

5. Für diesen Schritt benötigst du ebenfalls einen feinen Pinsel. Fahre die noch von der Vorzeichnung durchscheinenden Linien mit einem hellen Braunton nach. Sie sollen die Adern des Schmetterlings darstellen.

6. Nun nimmst du einen Fineliner und fügst viele kleine Pünktchen neben den schwarzen Stellen ein, die sich nach innen hin verteilen. Optional kannst du auch in den Innenseiten der Flügel ein paar schwarze Pünktchen setzen.

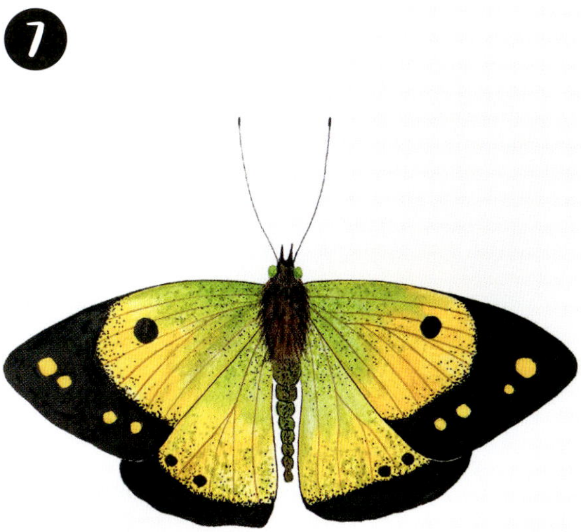

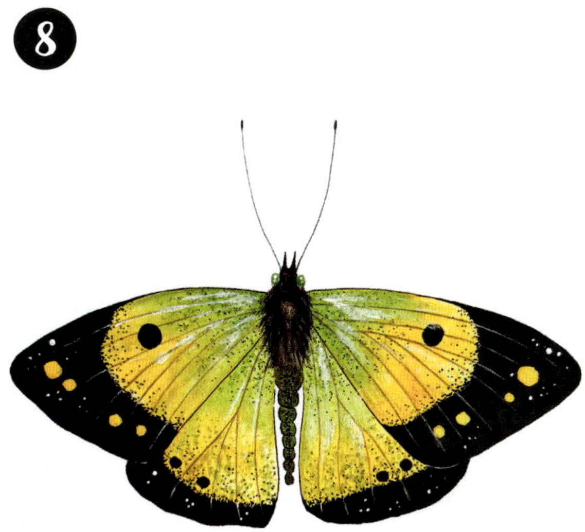

7. Da die Flügel jetzt fertig sind, widmest du dich dem Körper und dem Kopf des Schmetterlings. Beginne oben und male als Erstes die Augen grün aus. Nimm einen Fineliner und male die Fühler mit einer dünnen Linie, die am Ende etwas runder wird. Was jetzt noch fehlt, ist der Oberkörper, den du mit feinen Strichen bearbeitest. Am Ende sollte er eine haarige Struktur aufweisen. Bereite dir eine Mischung aus Braun und Grün vor und male den restlichen Körper aus. Wenn alles trocken ist, fügst du in der Mitte des Körpers kleine Punkte mithilfe eines Fineliners hinzu und umrandest alles sorgfältig.

8. Abschließend fügst du noch weiße Stellen auf den Flügeln hinzu, um einen Schimmereffekt zu erzeugen. Ein paar leichte Striche auf dem Kopf und dem Körper dürfen natürlich auch nicht fehlen. Ergänze die Adern im schwarzen Bereich der Flügel mit dünnen weißen Linien. Zum Schluss tupfst du noch zwei weiße Pünktchen auf die grünen Augen des Schmetterlings.

Marienkäfer

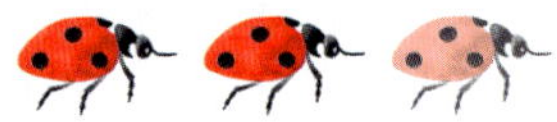

Die kleinen Glücksbringer existieren in sehr vielen verschiedenen Farben und tragen die unterschiedlichste Anzahl an Punkten auf ihren Deckflügeln. Durch ihre schöne runde Form und die vielen diversen Arten macht es großen Spaß, die schwarz gepunkteten Käfer zu malen.

DAS BENÖTIGST DU

AQUARELLPAPIER

Clairefontaine Multi-Techniques
250 g/m²

PINSEL

Rundpinsel: 9, 4, 0

FARBEN

- Permanent Orange
- Kadmiumrot
- Lichter Ocker
- Sepia
- Schwarz
- Chinesisch Weiß
- Deckweiß

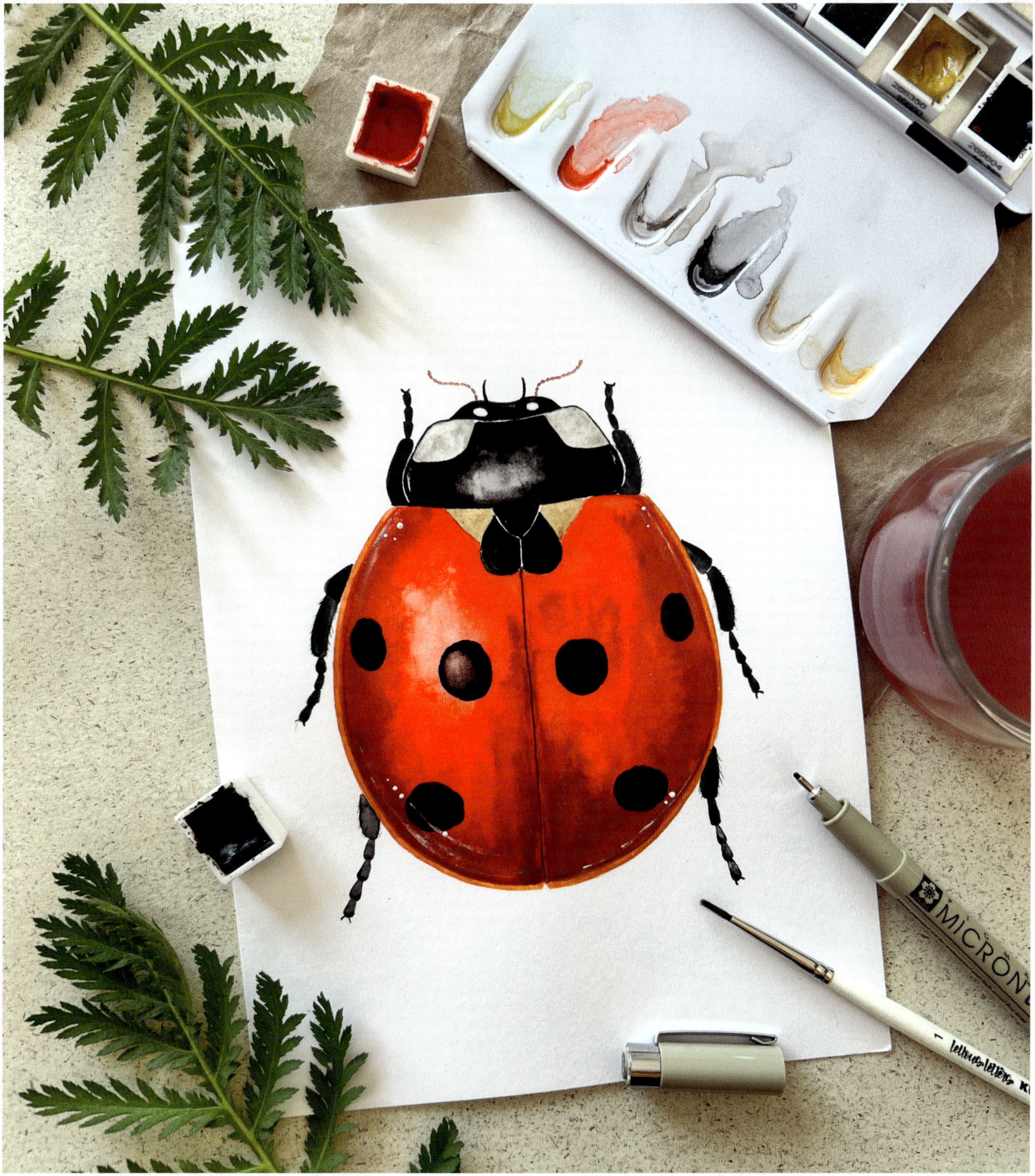
MICRON

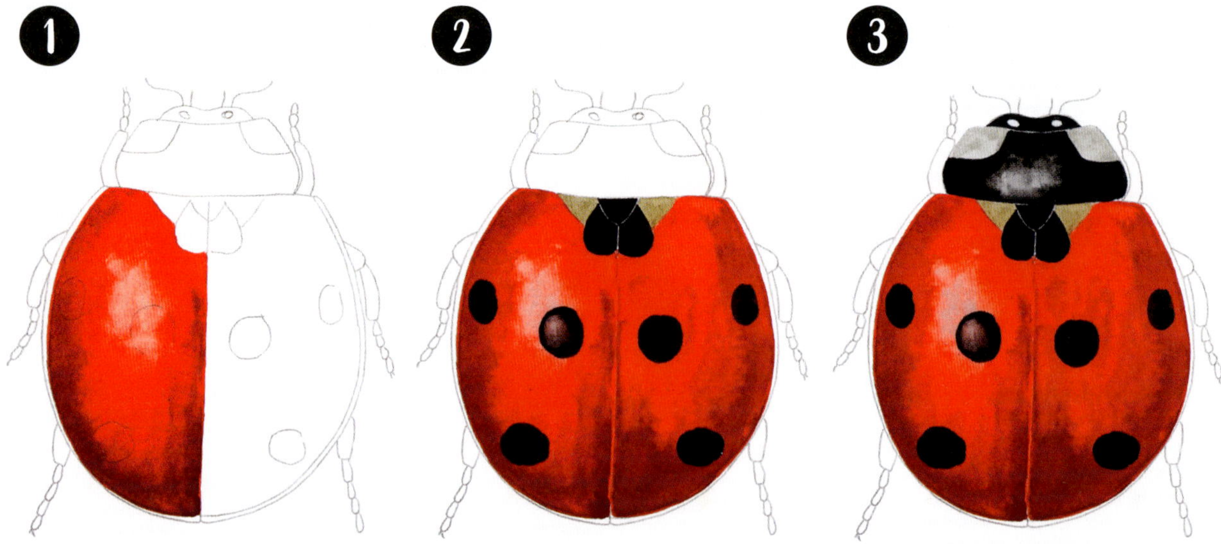

1. Zuerst zeichnest du den Marienkäfer mit einem Bleistift vor und beginnst anschließend damit, den linken Deckflügel zu aquarellieren. Benutze am besten einen dickeren Pinsel, um die Farbe gleichmäßiger zu verteilen. Den oberen, mittigen Teil lässt du ein wenig heller, da er den Glanz imitieren soll. Nun mischst du das Kadmiumrot mit Sepia und fügst es unten und an den Rändern hinzu, damit ein Schatten ersteht. Scheue dich nicht, über die Punkte zu malen, da diese nach dem Trocknen mit gut deckendem Schwarz eingefärbt werden.

2. Nun widmest du dich dem rechten Deckflügel. Beachte, dass du auch hier die Schatten setzt wie bei Schritt 1. Sobald beide Deckflügel getrocknet sind, malst du die schwarzen Punkte aus. Der mittige Punkt auf dem linken Flügel sollte etwas weniger schwarze Farbe beinhalten, da er auf der Glanzstelle sitzt. Nun mischst du etwas Lichter Ocker mit Sepia und malst die zwei dreieckigen Stellen unterhalb des Kopfes aus.

3. Fahre mit dem Kopf des Marienkäfers fort. Denke dran, mittig etwas weniger schwarze Farbe zu verwenden, da auch hier eine Glanzstelle existiert. Die großen weißen Flecken rechts und links bemalst du vorsichtig mit einer Mischung aus Chinesisch Weiß und einem winzigen Hauch Schwarz.

4

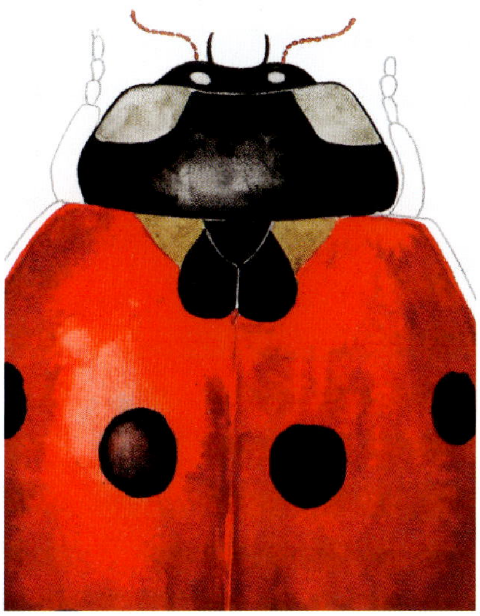

5

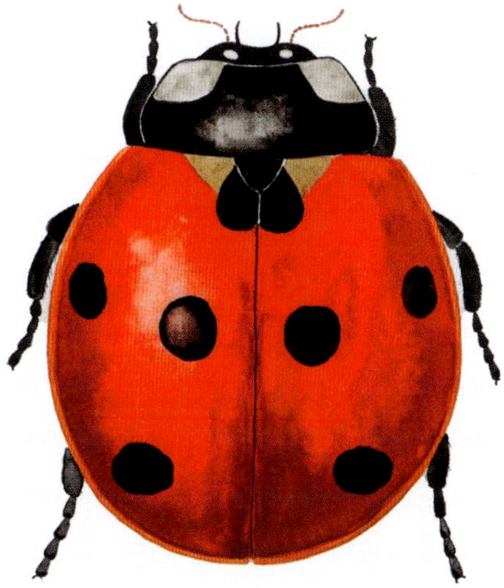

6

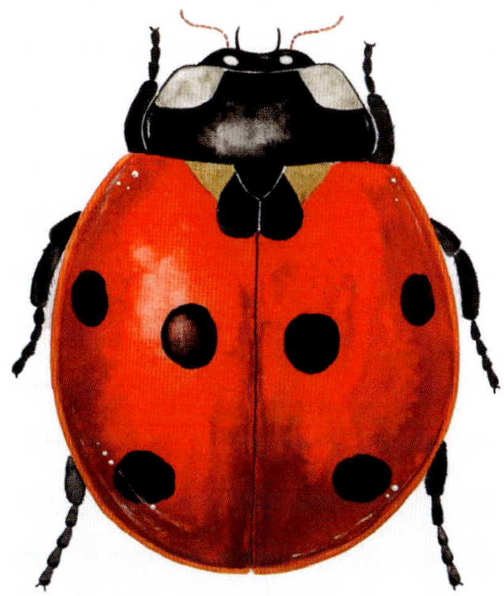

4. Verwende einen möglichst feinen Pinsel und male die Fühler mit sanften Punktbewegungen mit Permanent Orange. Anschließend malst du mit derselben Farbe auch an den Rändern der Deckflügel entlang, um einen gleichmäßigen Rand zu erzeugen. Nutze einen feinen Pinsel und ziehe eine schmale Linie zwischen den Deckflügeln.

5. Nachdem alles schön getrocknet ist, kannst du nun mit den Beinchen beginnen. Verwende auch hier einen feinen Pinsel, da dabei höchste Präzision erforderlich ist. Male anschließend feine Härchen auf den Oberschenkeln.

6. Zum Schluss tauchst du deinen Pinsel in Deckweiß und ziehst feine Linien an den Deckflügeln, die noch mehr Glanz bekommen sollen. Optional kannst du noch weiße Pünktchen verteilen. Schon ist dein kleiner Glücksbringer fertig!

TIPP

Wichtig bei diesem Motiv ist, dass du zügig arbeitest, da sich schnell unschöne Farbkanten bilden können.

Krokus

Nach einem kalten, langen Winter freue ich mich immer wie ein kleines Kind, wenn ich einen blühenden Krokus entdecke. Dabei spielt die Farbe keine große Rolle, denn es gibt sie in so vielen schönen Farbnuancen. Ich habe mich für die klassische lila Variante entschieden, dir sind bei der Farbwahl aber natürlich keine Grenzen gesetzt.

DAS BENÖTIGST DU

AQUARELLPAPIER

Clairefontaine Multi-Techniques
250 g/m²

PINSEL

Rundpinsel: 6, 4, 1, 0

FINELINER

Strichstärke 0,20 mm

FARBEN

- Chinacridon Purpur
- Kadmiumgelb
- Orange
- Saftgrün
- Umbra gebrannt
- Deckweiß

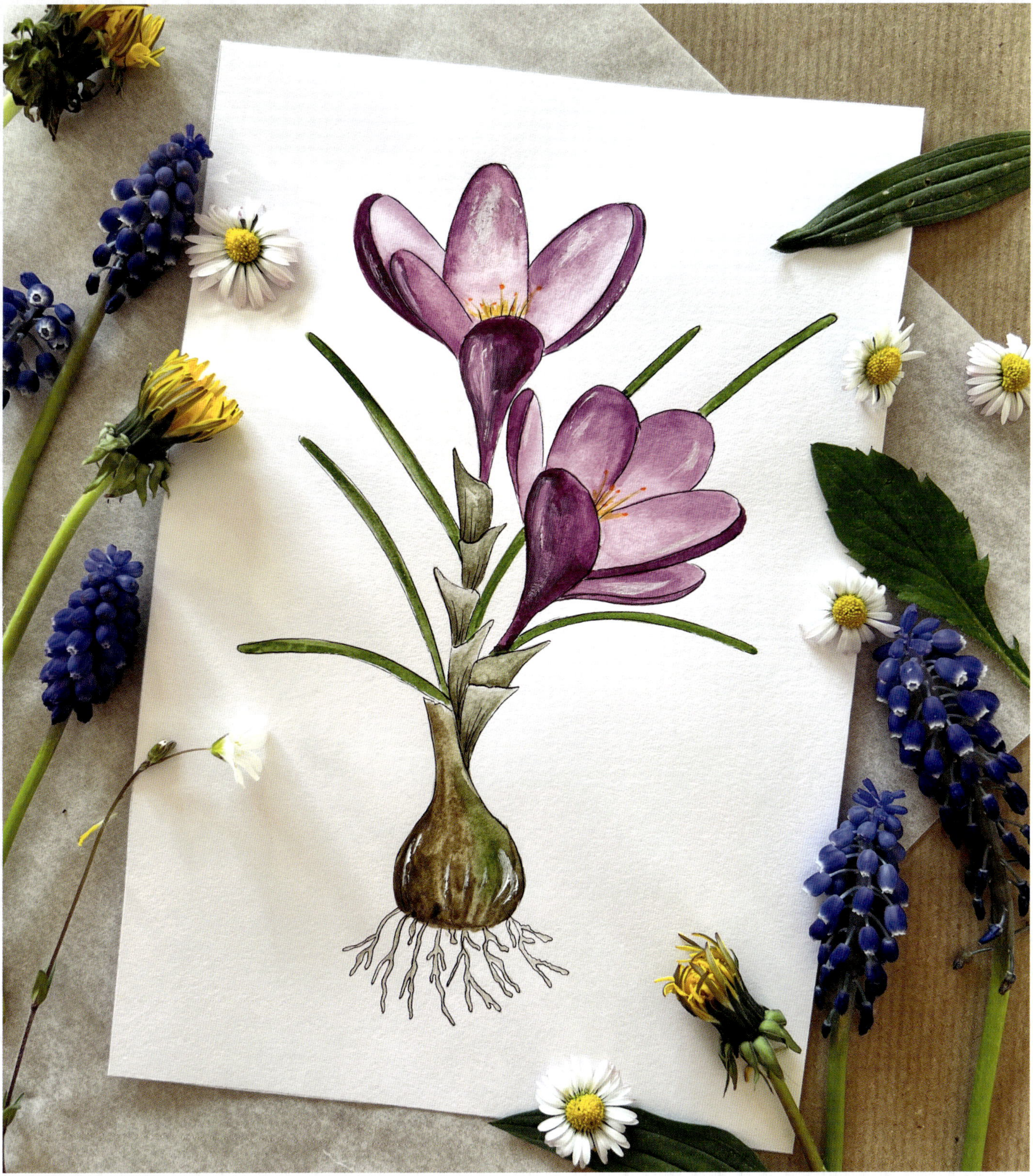

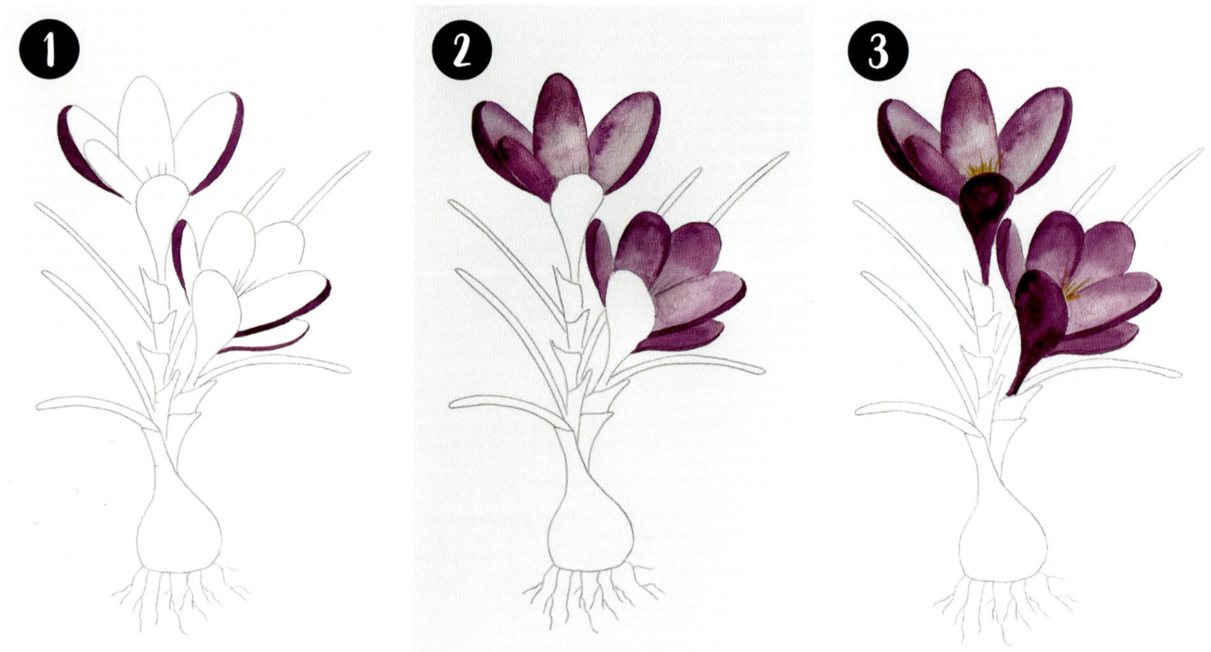

1. Zeichne dir eine grobe Skizze vor und starte direkt mit den gebogenen Rändern der Blütenblätter, die du mit einem kräftigen Purpurton füllst.

2. Benutze eine Mischpalette und verdünne die purpurne Farbe mit reichlich Wasser. Nun malst du die Blüteninnenseiten aus und arbeitest an den Spitzen partiell dunklere Stellen hinein. Falls die Innenseiten zu dunkel geworden sind, kannst du mit einem trockenen Pinsel etwas von der Farbe wieder abheben.

3. Warte, bis alles getrocknet ist, damit die Farben der Blütenblätter nicht ineinanderlaufen. Ergänze nun auch die restlichen Blütenblätter, die wieder in einem kräftigen Purpurton koloriert werden. Es kann jederzeit eine zweite Schicht aufgetragen werden, um den Blütenblättern mehr Kontrast zu verleihen. Anschließend werden in die Mitte feine Staubblätter in Orangegelb verteilt.

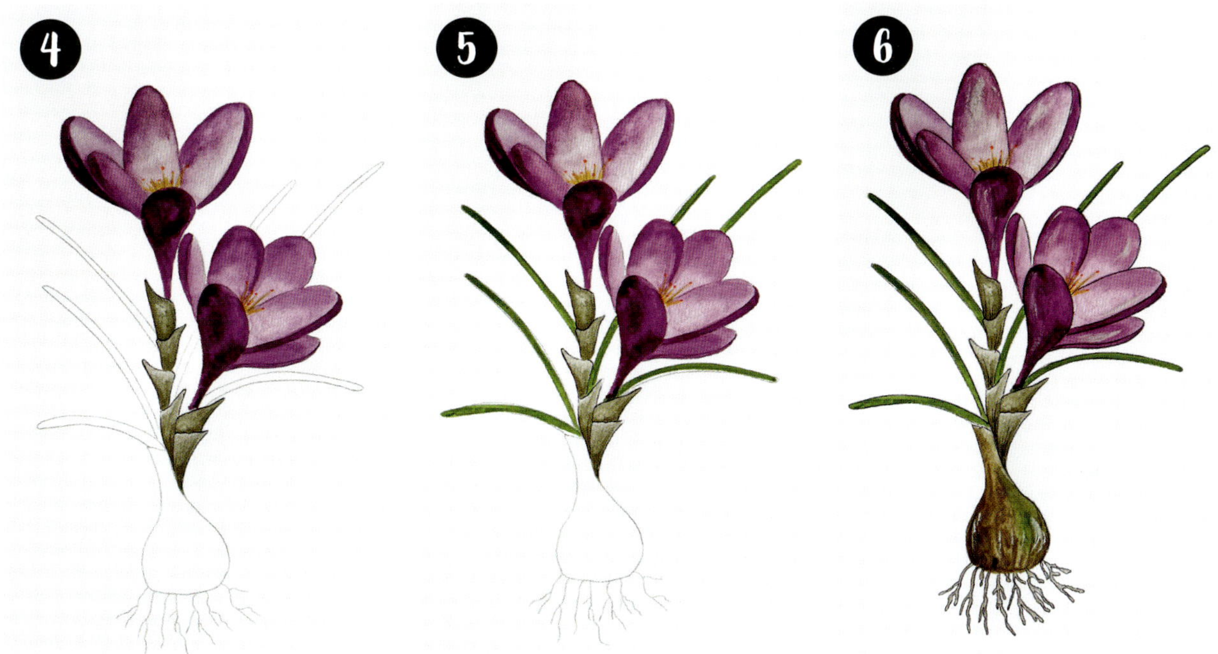

4. Mische dir einen grünlich braunen Farbton an und aquarelliere jetzt die Hochblätter. In die noch feuchte Farbe bringst du an den Enden Schattierungen ein und umrandest alles mit schwarzem Fineliner.

TIPP

Wenn deine Farbe noch feucht ist, hast du die Möglichkeit, je nach Wunsch noch mehr oder weniger Farbpigmente einzuarbeiten bzw. abzuheben. Dadurch entsteht ein schönes Licht-Schatten-Spiel.

5. Ergänze nun die dünnen Blätter in einem reineren Grün. Benutze am besten einen dünnen Pinsel, um sauber arbeiten zu können.

6. Mit einem grünlich braunen Farbton bemalst du anschließend die Knolle und baust Schattierungen mit in anderem Verhältnis gemischten braungrünen Farbtönen ein. Zeichne ungleichmäßige Wurzeln mit einem stark verdünnten Braun an die Knollenunterseite und umrande den kompletten Krokus mit einem Fineliner. Optional kannst du noch etwas Deckweiß in den Blüteninnenseiten und auf der Knolle verstreichen.

Biene

Summm ... summ ... summ ... wer summt denn da? Genau! Ein flauschiges süßes Bienchen. Für dieses Motiv benötigst du definitiv ein ruhiges Händchen, da du viele saubere Linien ziehen musst. Eine prima Übung, um die Pinsel besser kennenzulernen und einzuschätzen.

DAS BENÖTIGST DU

AQUARELLPAPIER

Clairefontaine Multi-Techniques 250 g/m²

PINSEL

Rundpinsel: 6, 4, 1, 0

FINELINER

Strichstärke 0,20 mm

FARBEN

- Chinesisch Weiß
- Lichter Ocker
- Siena natur
- Umbra gebrannt
- Sepia
- Schwarz
- Deckweiß

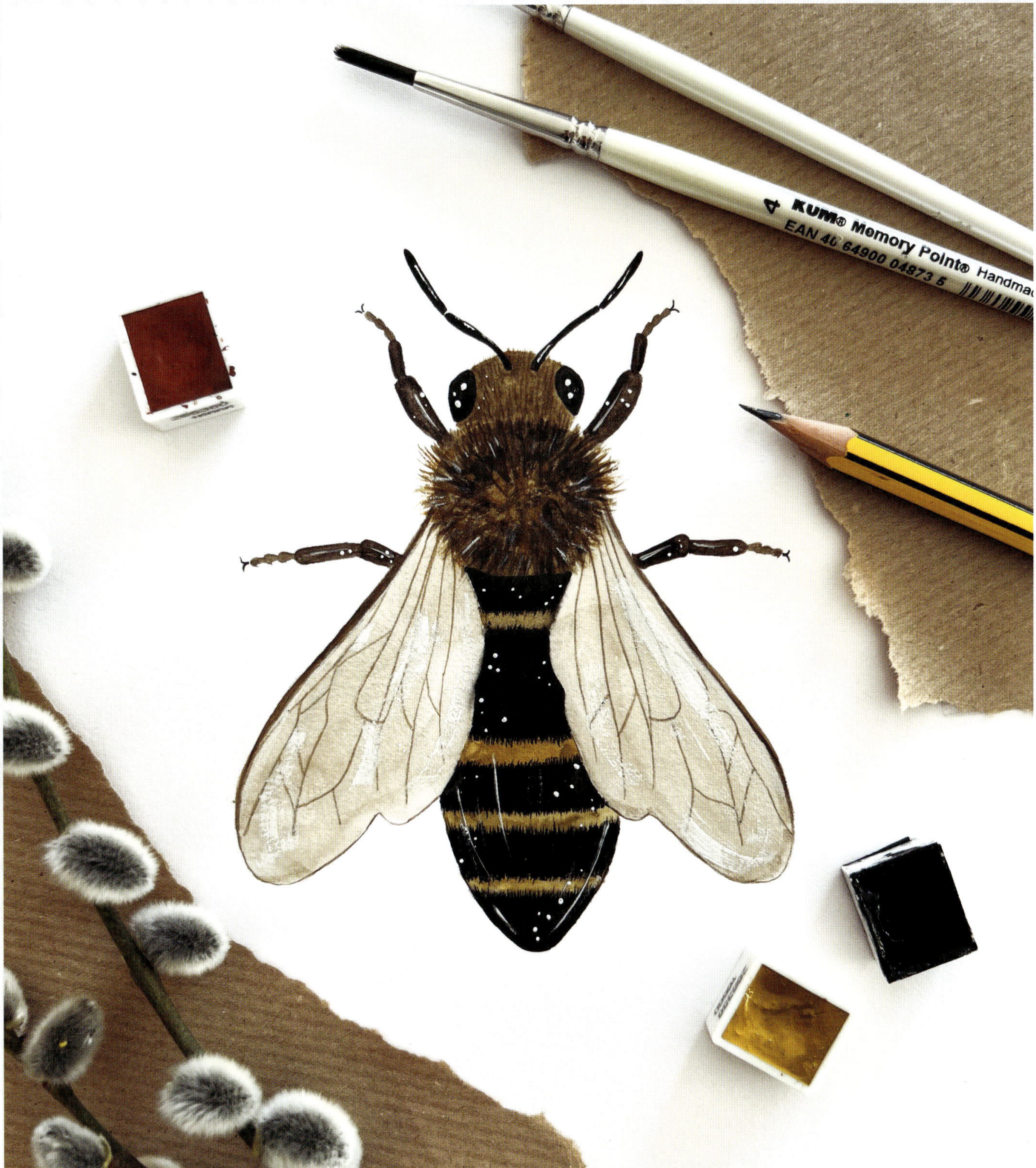
4 KUM® Memory Point®
EAN 40 64900 04873 5

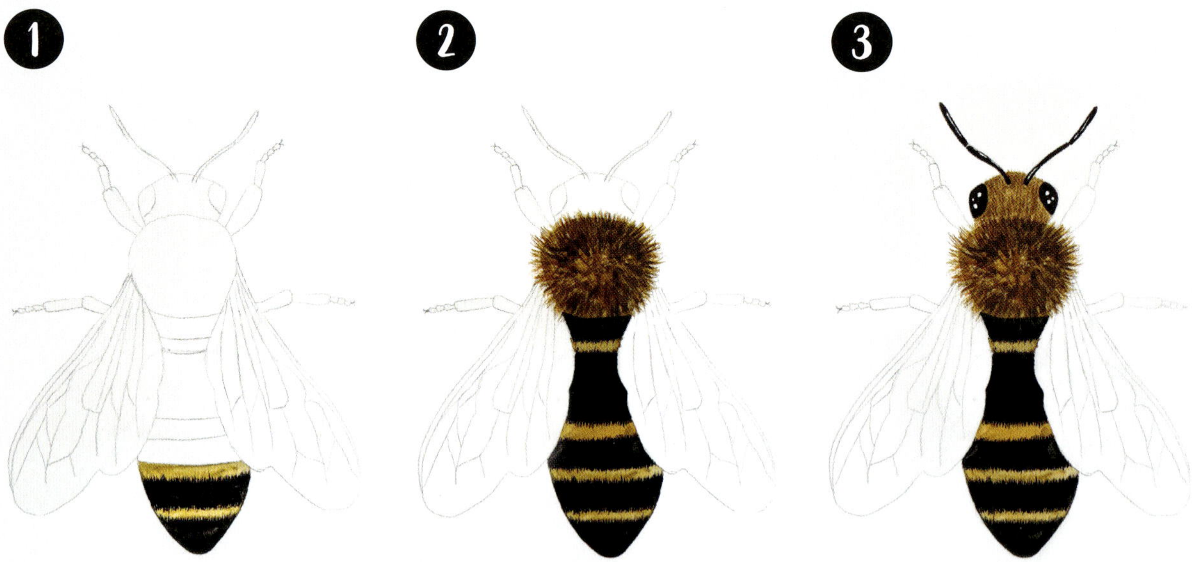

1. Starte mit deiner Vorzeichnung der Biene und beginne damit, den unteren Teil des Körpers auszumalen. Mit Schwarz und Lichter Ocker malst du abwechselnd breite Streifen. Anschließend fügst du an die schwarzen Streifen feine schwarze Härchen an, die in die ockerfarbenen Streifen übergehen.

2. Wenn du mit den Streifen fertig bist, fängst du mit dem Oberköper der Biene an. Male im Uhrzeigersinn viele feine Striche, bis der ganze Bereich wie ein flauschiger Pompon aussieht. Verwende anfangs einen recht hellen Braunton, der sich in weiteren Farbaufträgen verdunkeln sollte, um mehr Struktur aufzubauen.

3. Jetzt widmest du dich dem Kopf und allem, was dazugehört. Male den Kopf mit einem helleren Braunton aus und füge anschließend etwas dunklere, sehr feine Härchen hinzu. Wenn alles getrocknet ist, malst du die Augen und die Fühler schwarz aus. Tupfe noch zwei bis drei kleine weiße Punkte auf die Augen, um ihnen Glanz zu geben.

TIPP

Wenn dein Deckweiß zu dickflüssig ist, um feine Striche zu ziehen, kannst du es mit einem Tropfen Wasser strecken.

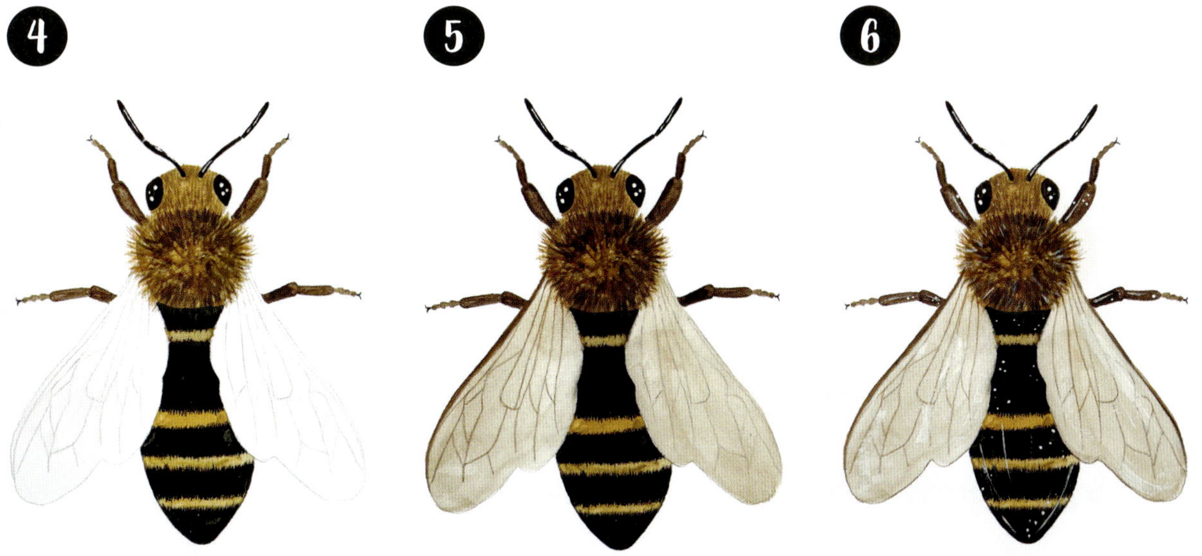

4. Als Nächstes malst du die Beine vorsichtig aus. Benutze einen dünnen Pinsel mit dunkelbrauner Farbe und aquarelliere Glied für Glied. An den Enden der Beine fügst du mit einem Fineliner halbrunde Füßchen hinzu.

5. Bist du mit den Beinen fertig, werden als Nächstes die Flügel bearbeitet. Mische dir einen hellen Braunton mit reichlich Wasser an und grundiere die Flügel möglichst gleichmäßig. Achte darauf, dass du im oberen Bereich einen winzigen Hauch von Schwarz beigibst. So wirkt es natürlicher. Benutze nun einen dünnen Pinsel und umrande die Außenseite der Flügel mit einem dunkleren Braun; werde dabei nach unten hin dünner. Danach ziehst du die feinen Adern im selben Farbton nach. Versuche, dabei so ordentlich wie möglich zu arbeiten.

6. Nun fehlen nur noch ein paar Details. Streiche die Flügel stellenweise mit Deckweiß ein. Außerdem verteilst du feine weiße Striche auf Oberkörper, Beinen und Unterkörper der Biene. Optional kannst du noch weiße Pünktchen auf dem gesamten Körper setzen, um ein paar Pollen darzustellen.

Buntspecht

Vögel haben mich schon immer auf eine ganz besondere Art und Weise fasziniert. Deswegen durfte in meinem Buch ein Buntspecht definitiv nicht fehlen! Mit meiner Methode wird es dir sicherlich viel Spaß bereiten, diesen Vogel zu kreieren. Na, neugierig geworden? Dann lass uns gemeinsam beginnen.

DAS BENÖTIGST DU

AQUARELLPAPIER

Clairefontaine Multi-Techniques 250 g/m²

PINSEL

Rundpinsel: 6, 4, 1, 0

FINELINER

Strichstärke 0,20 mm

FARBEN

- Schwarz
- Sepia
- Umbra gebrannt
- Paynesgrau
- Kadmiumrot
- Chinesisch Weiß

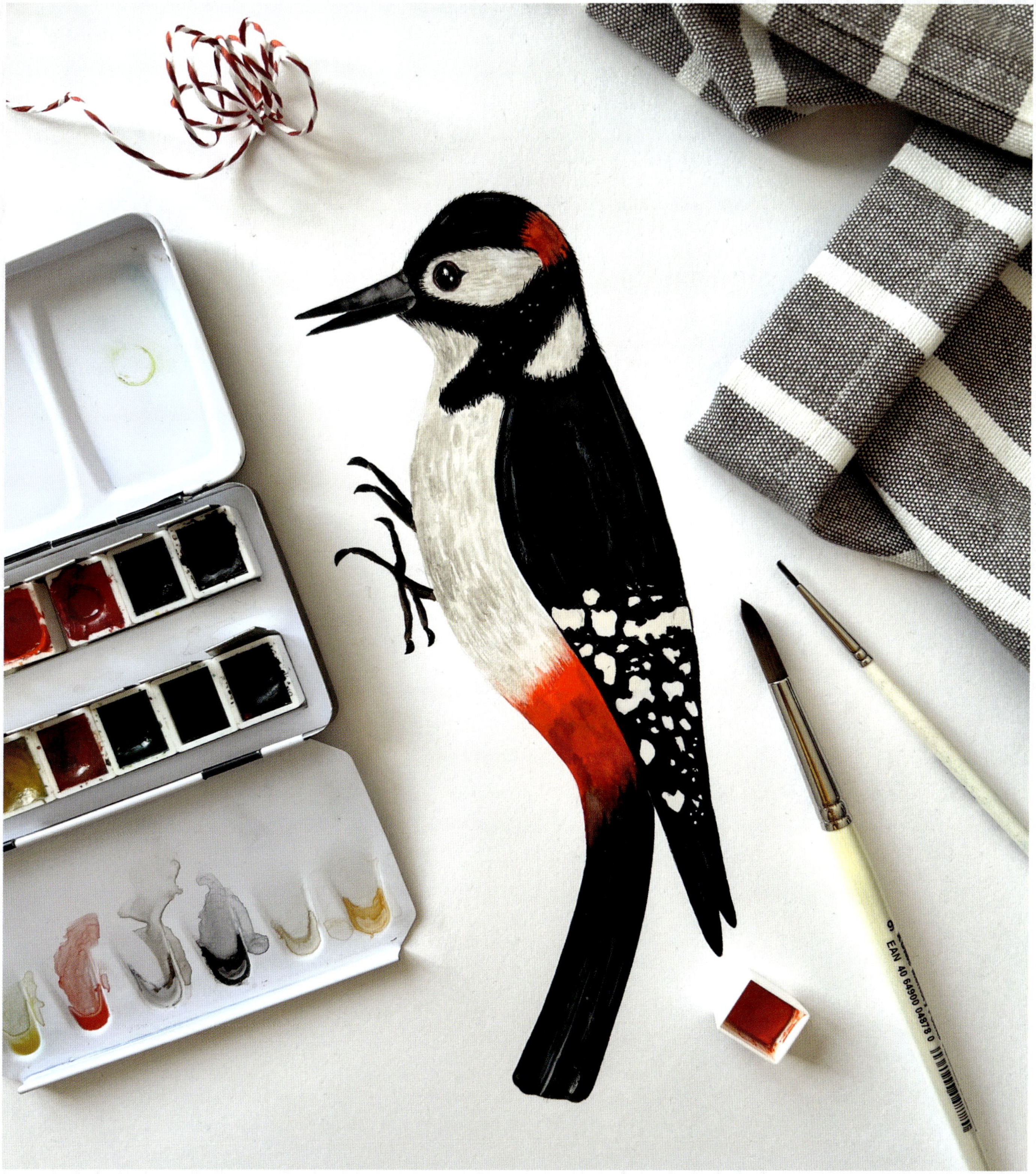
EAN 40 64900 04878 0

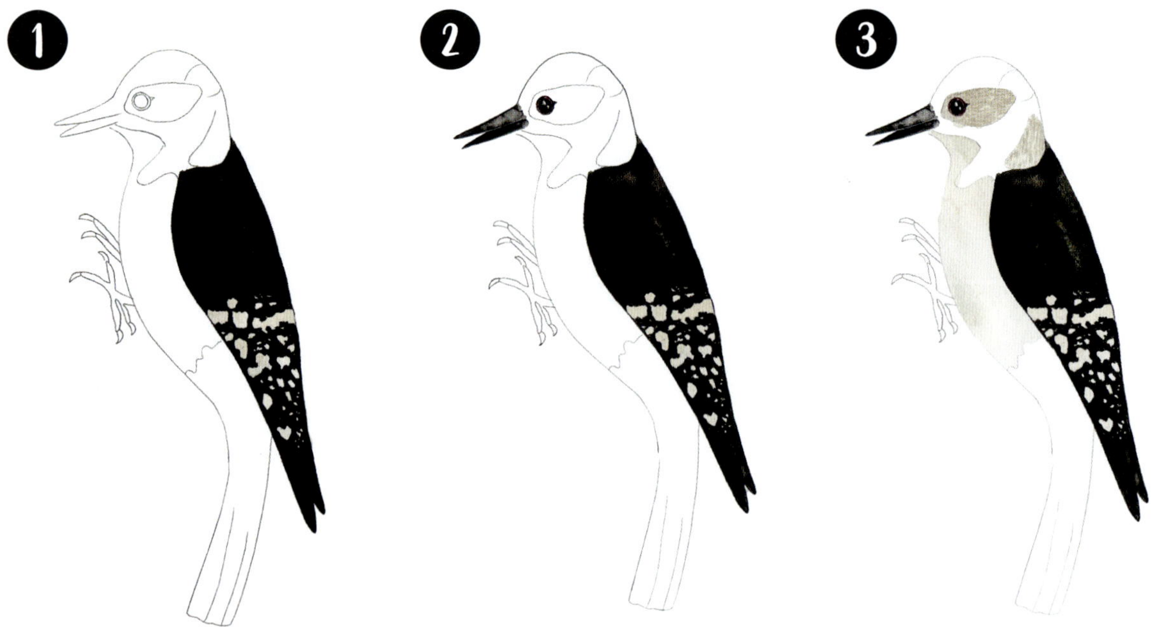

1. Zeichne dein Motiv vor und mische dir einen wässrigen Braunton an. Bepinsle damit das helle Muster auf dem Flügel. Nun malst du den restlichen Flügel ganz vorsichtig mit Schwarz aus und lässt dabei das Muster frei.

2. Anschließend malst du auch den Schnabel schwarz aus. Falls nötig, kannst du ihn mit einer dünnen weißen Linie mittig trennen. Wenn du mit dem Schnabel fertig bist, malst du beim Auge die Pupille schwarz aus und umrandest sie mit einem dunkelbraunen Ring. Füge seitlich noch eine kleine Spitze hinzu und setze nach dem Trocknen zwei kleine weiße Pünktchen auf das Auge.

3. Nun kolorierst du die hellen Bereiche am Kopf und auf der Brust mit einem wässrigen Braunton. Sobald die Farbe angetrocknet ist, verteilst du rasch feine Striche mit einem etwas dunkleren Braunton, die am Bauch etwas gröber werden.

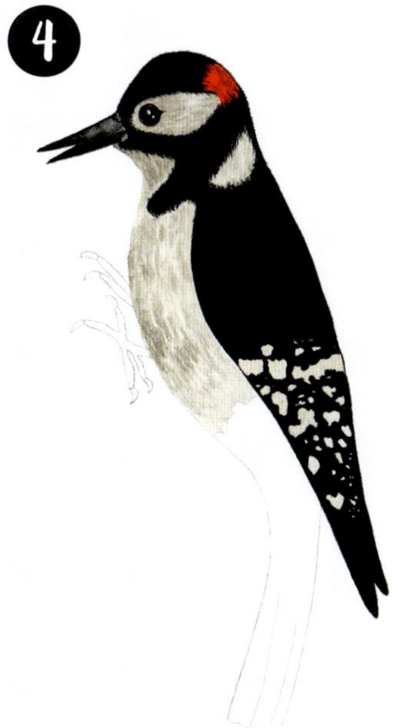

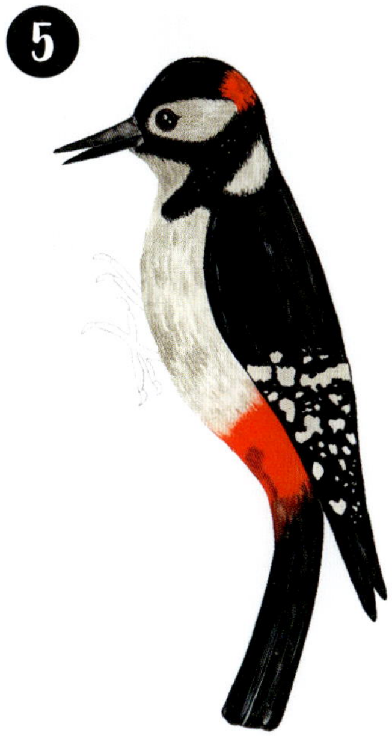

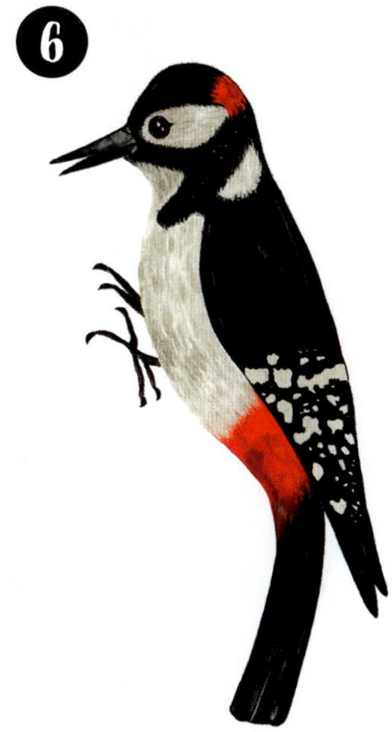

4. Male den Hinterkopf bis zur Markierung mit einem Rotton aus. Jetzt aquarellierst du den restlichen Kopf vorsichtig mit Schwarz und verteilst rings um die schwarze Fläche herum feine Striche an den Rändern. Das gilt auch für den Übergang zum roten Fleck, der aber schon getrocknet sein sollte.

TIPP

Falls du in deiner Mischpalette Farbe übrig hast, kannst du sie ruhig eintrocknen lassen. Mit etwas Wasser lässt sie sich jederzeit neu aktivieren und ist sofort einsatzbereit.

5. Widme dich nun dem Schwanz. Male hierfür den Übergang zum Körper mit einem Rotton an und verbinde die Farbe mit feinen Strichen mit dem hellen Bereich. Als Nächstes malst du den restlichen Schwanz schwarz aus und ziehst auch hier feine Striche über den roten Bereich. Wenn du mit allem zufrieden bist und die Farbe angetrocknet ist, zeichnest du dünne weiße Linien am Schwanz und am Flügel. Optional kannst du am Hals weiße Pünktchen verteilen.

6. Jetzt fehlen nur noch die Beine und die Krallen. Die Beine malst du mit einem schmalen Pinsel in einem sehr dunklen Braunton aus und verwendest dann einen Fineliner für die spitzen Krallen.

Birkenpilze

Bei dieser Birkenpilz-Familie habe ich mich von einem echten Foto inspirieren lassen, welches ich von einer lieben Followerin zur Verfügung gestellt bekommen habe. Es macht großen Spaß, diese Pilze zu malen, da man unbegrenzt viele Pilze hinzufügen kann und die Familie dadurch immer größer wird.

DAS BENÖTIGST DU

AQUARELLPAPIER

Clairefontaine Multi-Techniques
250 g/m²

PINSEL

Rundpinsel: 4, 1, 0

FARBEN

- Umbra gebrannt
- Sepia
- Saftgrün
- Perylengrün
- Lichter Ocker
- Permanent Orange
- Englischrot
- Deckweiß

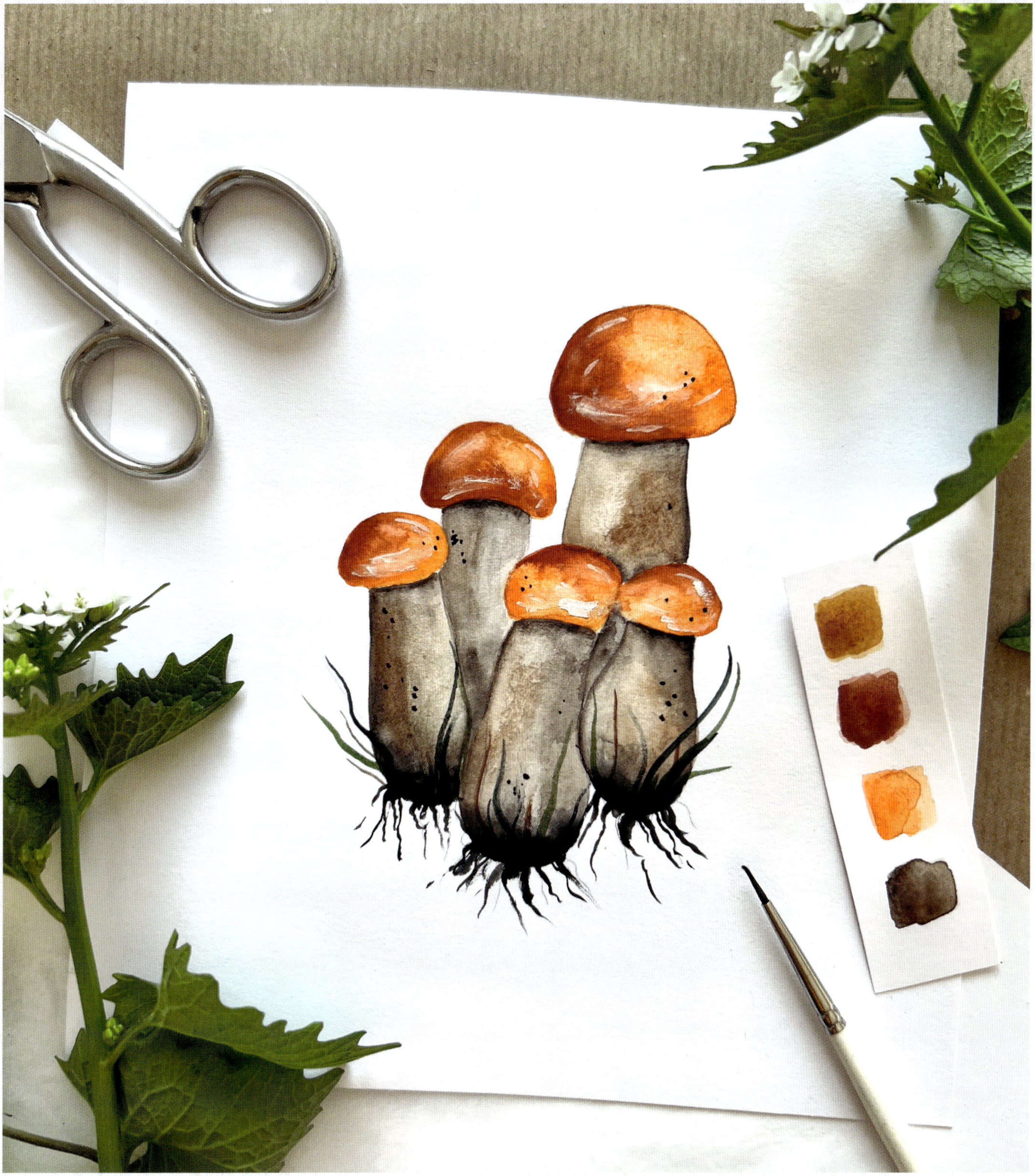

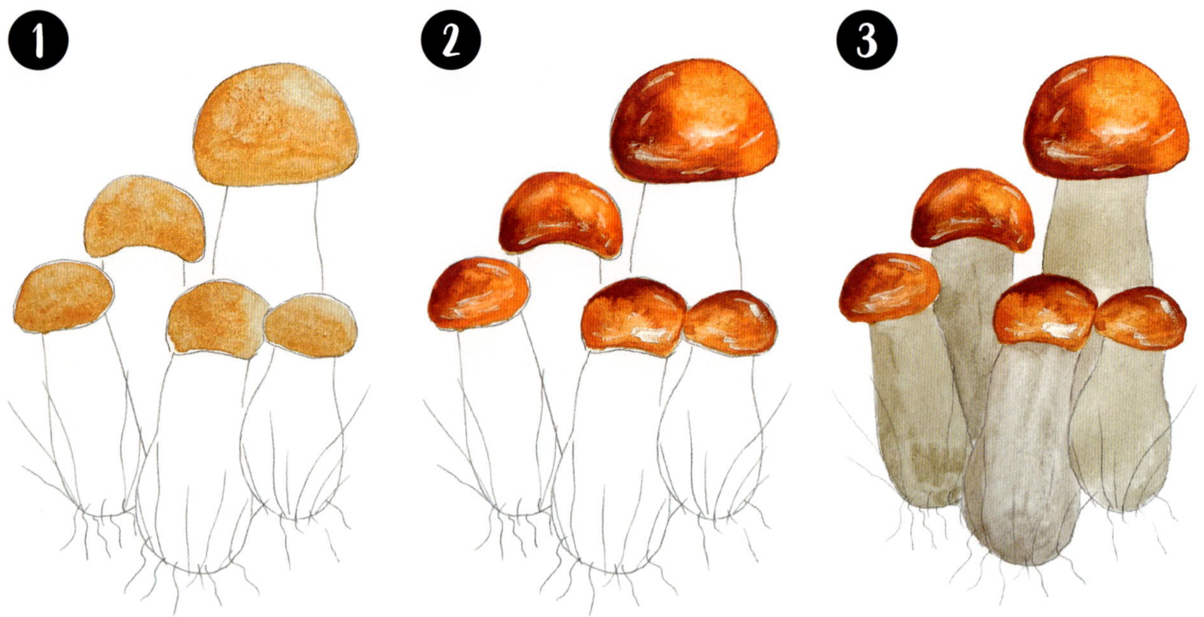

1. Zuerst zeichnest du dir mehrere Pilze mit einem Bleistift in verschiedenen Positionen vor. An die Stiele der Pilze zeichnest du außerdem noch ungleichmäßige Wurzeln und kleine Grashalme. Benetze die Pilzhüte mit einem stark verdünnten Orangeton und lass alles gut trocknen.

2. Jetzt werden den polsterförmigen Pilzhüten Schatten und Glanz hinzugefügt. Überlege dir vorher, wo deine Schatten fallen, und male diese Stellen dementsprechend dunkler. Sobald der Farbauftrag getrocknet ist, verteilst du mit einem dünnen Pinsel weiße Highlights, die etwas Glanz darstellen sollen.

3. Nun befasst du dich mit den Stielen und mischst dir einen wässrigen beigefarbenen Ton in deiner Palette an. Bemale die Stiele gleichmäßig mit dieser Mischung.

TIPP

Es ist empfehlenswert, immer vorher zu schauen, wo der Schatten fällt, dadurch wirken Motive plastischer und zugleich realistischer. Ich denke mir oftmals eine imaginäre Sonne aus, die beispielsweise von oben scheint. Alles, was darunterliegt, erhält automatisch dunklere Farbnuancen.

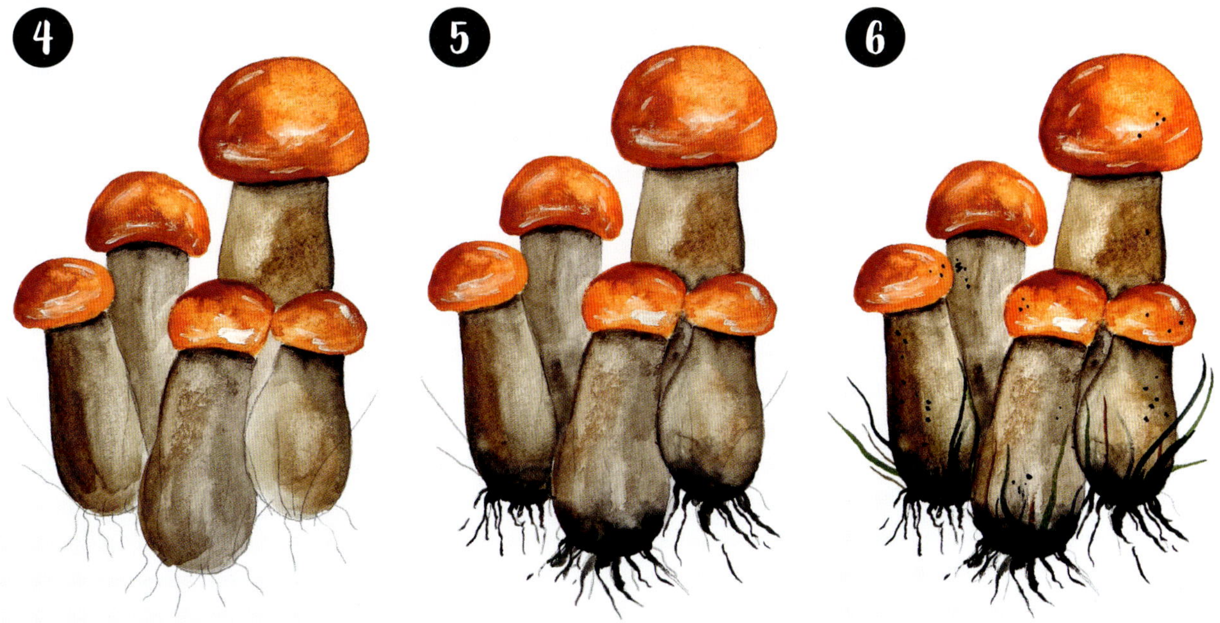

4. Nun kreierst du die Schatten auf den Stielen. Am besten funktioniert das, wenn du dir auch hier gleich zu Beginn überlegst, wo die Schatten entstehen werden. Meistens fallen sie eher seitlich am Stiel und unter dem Pilzhut, daher sollten diese Stellen eine dunklere Farbnuance bekommen.

5. Nutze einen dunklen Braunton und male die Stielenden aus. Mit einem feuchten Pinsel verwischst du die dunkle Farbe vertikal, damit sie sich mit dem restlichen Stiel vereint und ein schöner Farbverlauf zustande kommt. Verwende einen dünnen Pinsel und zeichne dünne, ungleichmäßige Wurzeln an den Stielenden. Es darf ruhig etwas chaotisch aussehen.

6. Jetzt fehlen nur noch die Grashalme und ein paar Details. Für die Grashalme nutzt du verschiedene Grün- und Brauntöne. Male mit raschen Pinselstrichen, die geschwungen verlaufen sollten. Abschließend tupfst du auf den Pilzen kleine dunkle Punkte auf. Fertig ist deine Birkenpilz-Familie, die du nun bestaunen kannst.

Brauner Bär

Wenn man über einen braunen Bären spricht, denken die meisten Menschen vermutlich als Erstes an einen flauschigen Riesen, aber dem ist nicht so, denn hierbei handelt es sich um einen wunderschönen Schmetterling. Meiner Meinung nach ein hervorragendes Motiv, um sich mit dem Malen von Schmetterlingen vertraut zu machen.

DAS BENÖTIGST DU

AQUARELLPAPIER

Clairefontaine Multi-Techniques
250 g/m²

PINSEL

Rundpinsel: 6, 4, 1, 0

FINELINER

Strichstärke 0,20 mm

FARBEN

- Schwarz
- Sepia
- Indigo
- Dunkelrot
- Orange
- Permanent Orange
- Lichter Ocker
- Chinesisch Weiß
- Deckweiß

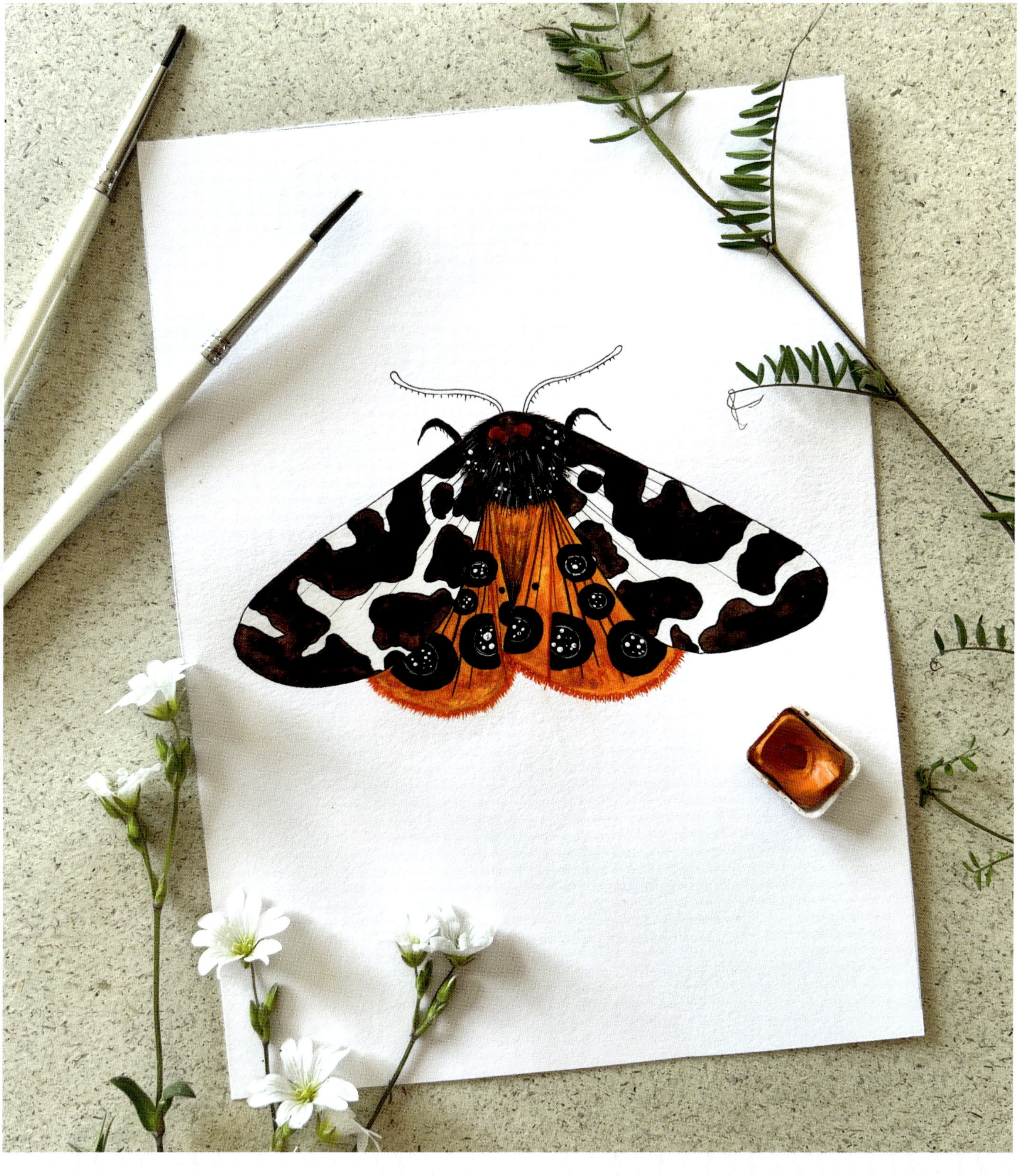

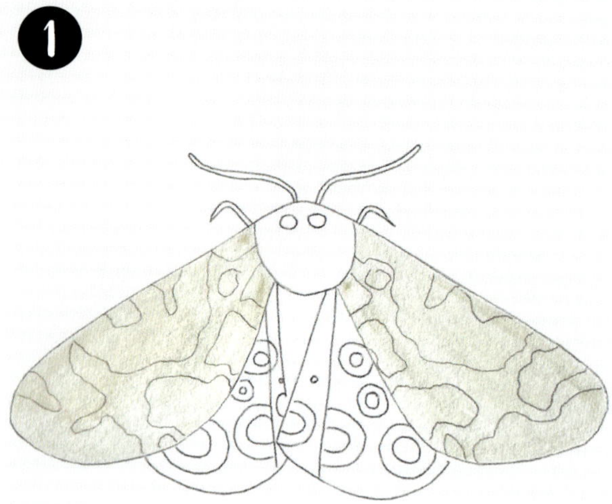

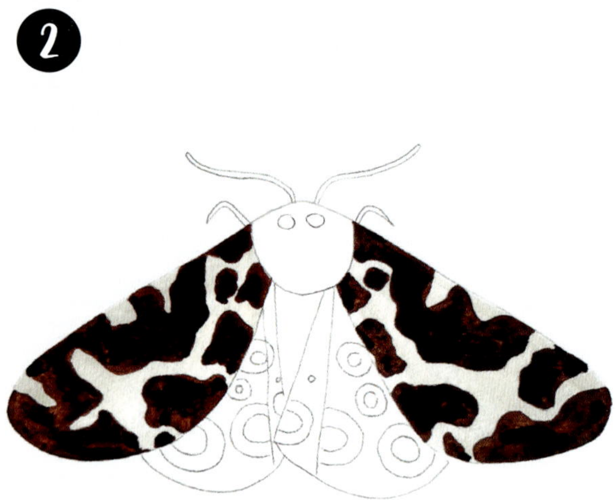

1. Starte, indem du den Schmetterling mit Bleistift vorzeichnest. Mische dir eine Farbe aus Lichter Ocker und Chinesisch Weiß an und grundiere damit beide Oberflügel. Es macht nichts, wenn du dabei auch über die Flecken malst, die später dunkel werden sollen, denn die helle Farbmischung kann gut überdeckt werden.

2. Nun bearbeitest du das dunkle Fleckenmuster der Flügel. Nutze am besten einen dünnen Pinsel, damit du sauber arbeiten kannst, und bleibe diesmal unbedingt in den vorgezeichneten Linien.

3

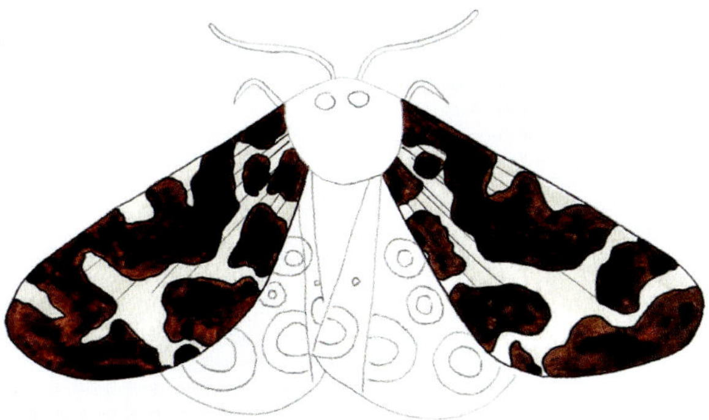

4

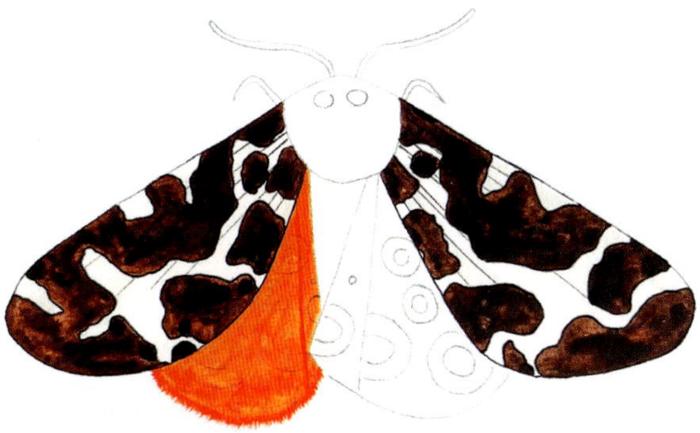

3. Verwende nun einen Fineliner und umrande damit das Muster sowie den äußeren Rand der Flügel. Füge außerdem rasch Linien im Innenbereich hinzu, um die faltige Struktur anzudeuten.

4. Jetzt kannst du den Unterflügel mit Orange einfärben. Achte darauf, dass du die Falte mit einem Rotton nachziehst, um die Bereiche auseinanderhalten zu können. Du kannst die Kreise gerne übermalen, da sie in den nachfolgenden Schritten mit dunkleren Tönen eingefärbt werden. Wenn alles trocken ist, fügst du feine Pinselstriche im selben Farbton am unteren Rand hinzu. Den zweiten Unterflügel bearbeitest du nach demselben Prinzip.

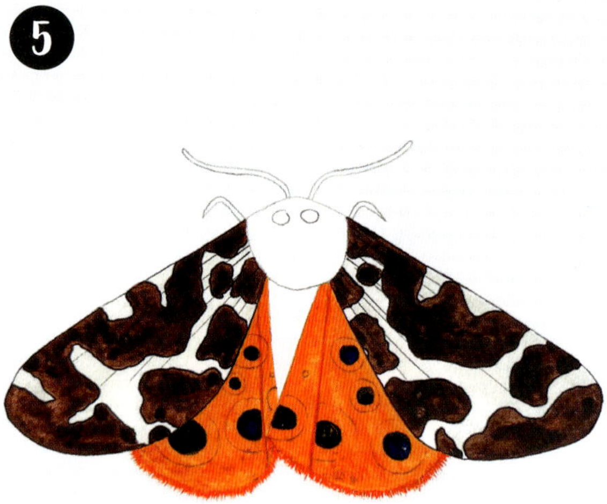

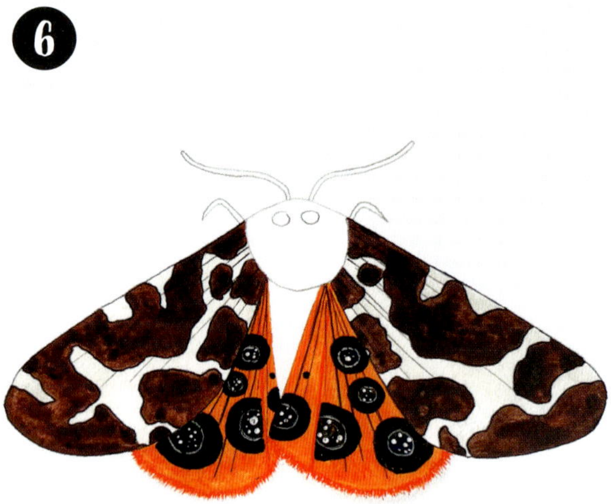

5. Anschließend malst du den Innenbereich der Kreise mit einem Blauton an. Das Blau wird auf dem Orange fast wie Schwarz wirken, da die Farben komplementär zueinander sind, was zum größtmöglichen Kontrast führt.

6. Umrande die blauen Kreise mit einem breiten schwarzen Rand und separiere beide Kreise mit einer dünnen weißen Linie, sobald sie trocken sind. Für einen Schimmereffekt tupfst du kleine weiße Pünktchen auf die Kreise. Außerdem ziehst du dünne schwarze Linien auf den Unterflügeln, die nach unten hin immer mehr Abstand zueinander bekommen.

7

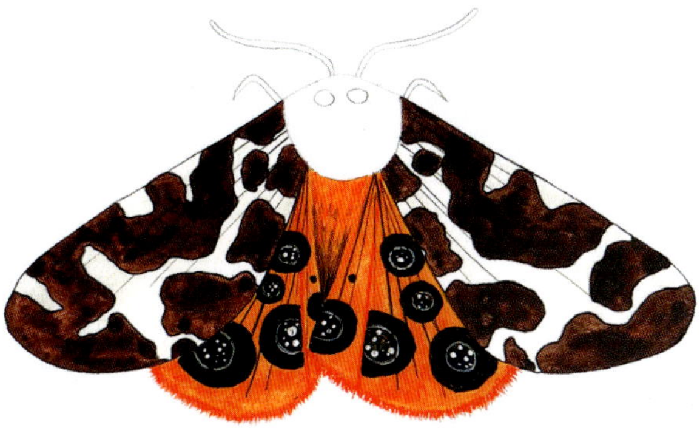

8

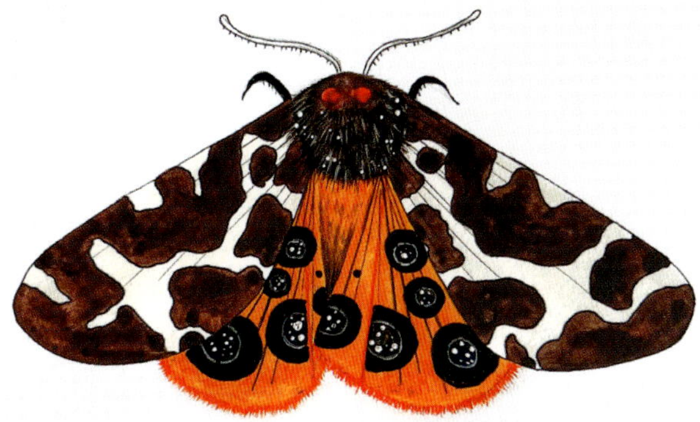

7. Den Hinterleib bearbeitest du mit feinen Strichen in Braunorange. Achte darauf, dass du am unteren Ende des Hinterleibs dunklere Farbe hinzufügen musst.

TIPP

Trau dich und experimentiere ruhig mit verschiedenen Farbkombinationen. Meistens entstehen tolle Farbnuancen, mit denen man eigentlich nie gerechnet hätte.

8. Zum Schluss malst du den Kopf ebenfalls mit feinen Pinselstrichen und dunklen Rotbrauntönen aus. Darauf setzt du mit etwas helleren Grüntönen noch vereinzelte feine Striche und fügst kleine weiße Punkte hinzu. Male die Augen in einem glühenden Rotton aus. Nun fehlen nur noch die zwei Vorderbeine und die Fühler. Nutze hierfür einen Fineliner, um ein sauberes Ergebnis zu bekommen.

Hirschkäfer

Ich liebe den Hirschkäfer wegen seiner imposanten, geweihartigen Mandibeln. Er lässt sich superschnell auf das Papier bringen und sieht komplizierter aus, als er in Wirklichkeit ist. Ein gutes Motiv für Anfänger*innen, die zum ersten Mal einen Käfer malen wollen.

DAS BENÖTIGST DU

AQUARELLPAPIER

Clairefontaine Multi-Techniques 250 g/m²

PINSEL

Rundpinsel: 6, 4, 1, 0

FINELINER

Strichstärke 0,20 mm

FARBEN

- Schwarz
- Sepia
- Umbra gebrannt
- Chinacridon Purpur
- Deckweiß

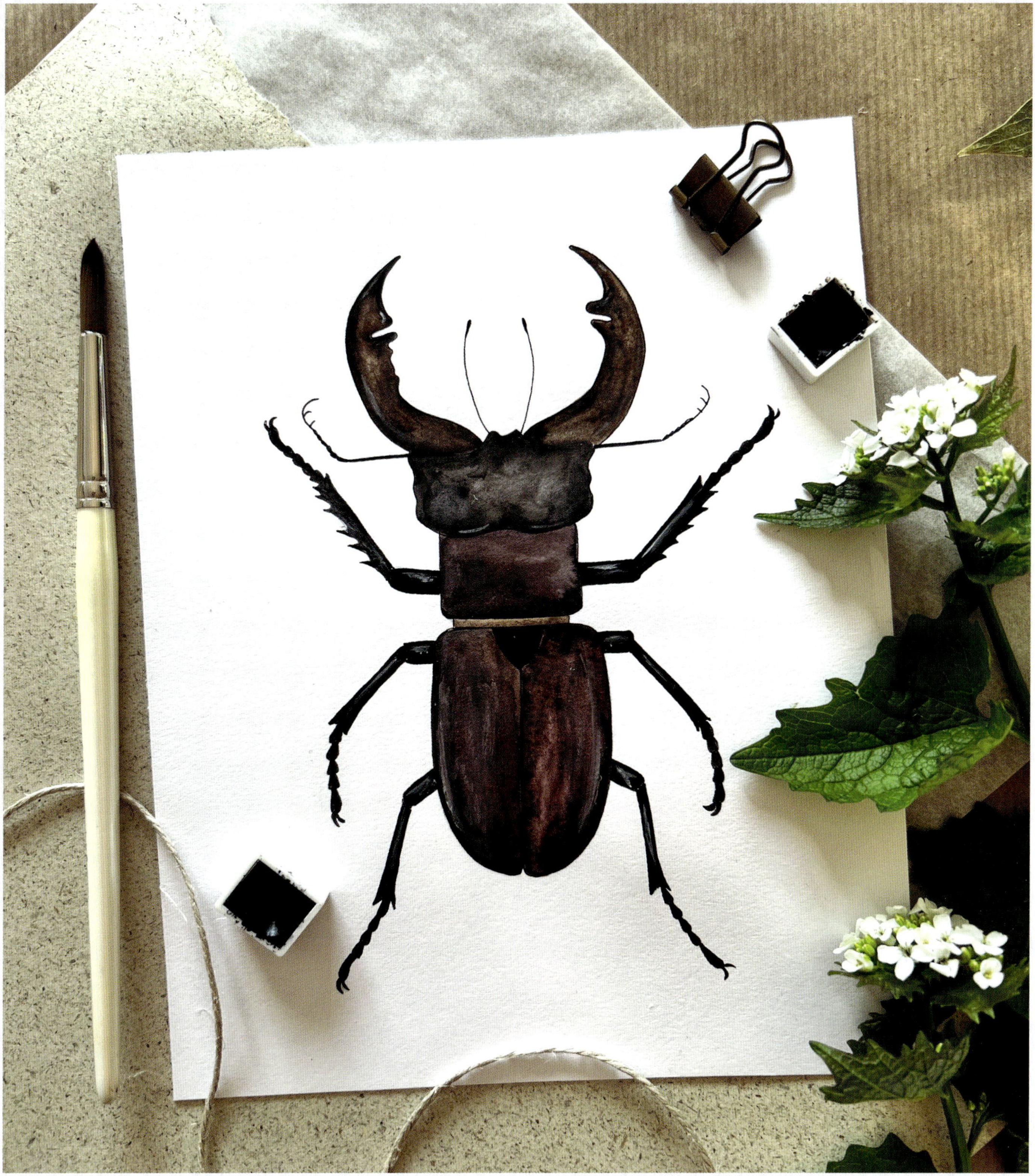

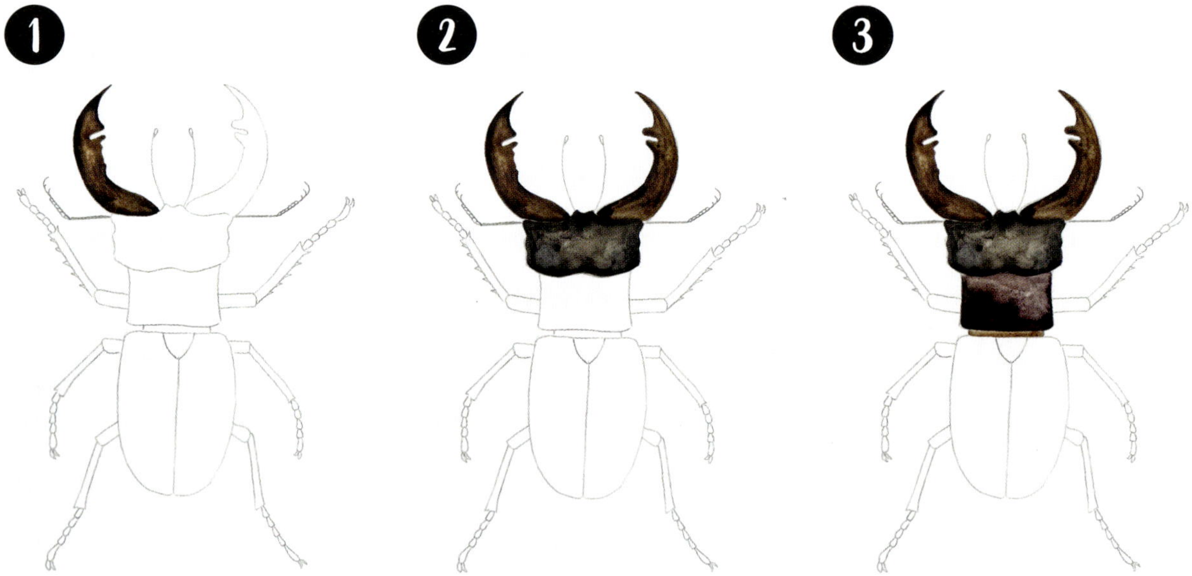

1. Starte mit einer zarten Vorzeichnung mithilfe eines Bleistifts und bemale dann als Erstes die beiden Mandibeln des Hirschkäfers in einem dunklen Braunton. Den äußeren Teil gestaltest du dabei etwas dunkler als den inneren.

2. Jetzt kolorierst du den Kopf in einem schwärzlichen Braunton. Achte darauf, dass du auch hier die Mitte heller lässt, indem du das Verhältnis von Wasser zu Farbe erhöhst.

3. Weiter geht es mit dem Schild. Stelle wieder einen Schatten dar, indem du einen Teil dunkler gestaltest. Somit wirkt das Schildchen plastischer. An dieser Stelle kannst du den Braunton außerdem etwas rötlicher gestalten.

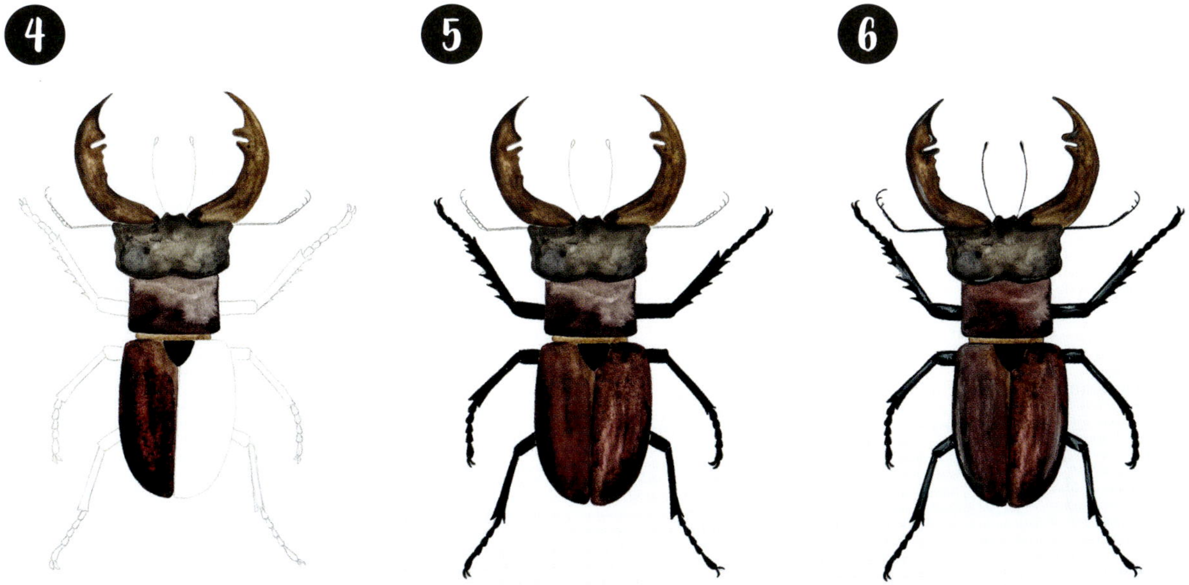

4. Für die Flügeldecken nutzt du ein noch etwas rötlicheres Braun und verteilst es möglichst gleichmäßig. Vergiss nicht, den darüberliegenden Schild mit den Flügeldecken anhand einer dünnen hellbraunen Linie zu verbinden. Ergänze außerdem das mittlere Schildchen auf den Flügeln in einem dunkleren Braunton, der dem Braun des Schilds ähnelt.

5. Male die einzelnen Schienen und Schenkel mit einem dünnen Pinsel schwarz aus und füge an jedem Bein vier Tarsenglieder, also die einzelnen Teile des Insektenbeins, hinzu. Anschließend zeichnest du an den Enden zwei kleine Klauen.

6. Ergänze zum Schluss die Antennen mit Fineliner und umrande den Käfer einmal komplett. Füge noch partiell feine weiße Striche als Glanzstellen hinzu. Schon kann dein Hirschkäfer loskrabbeln!

TIPP

Mit einem breiteren Pinsel lassen sich große Flächen gleichmäßiger und schneller gestalten, dabei solltest du aber aufpassen, dass du nicht über die Bleistiftränder malst. Entscheide selbst mit welcher Pinselgröße du dich am wohlsten fühlst.

Bunte Laubblätter

In der Herbstzeit ist es bei mir Tradition, dass ich verschiedene Laubblätter einsammle und in einem Buch presse. Die bunten Blätter ziehen meinen Blick magisch an und ich kann einfach nicht widerstehen, ich muss sie sammeln und malen. Geht es dir genauso?

DAS BENÖTIGST DU

AQUARELLPAPIER

Clairefontaine Multi-Techniques
250 g/m²

PINSEL

Rundpinsel: 6, 4, 1, 0

FARBEN

- Lichter Ocker
- Saftgrün
- Caput mortuum
- Siena natur
- Sepia
- Chinesisch Weiß
- Permanent Grün

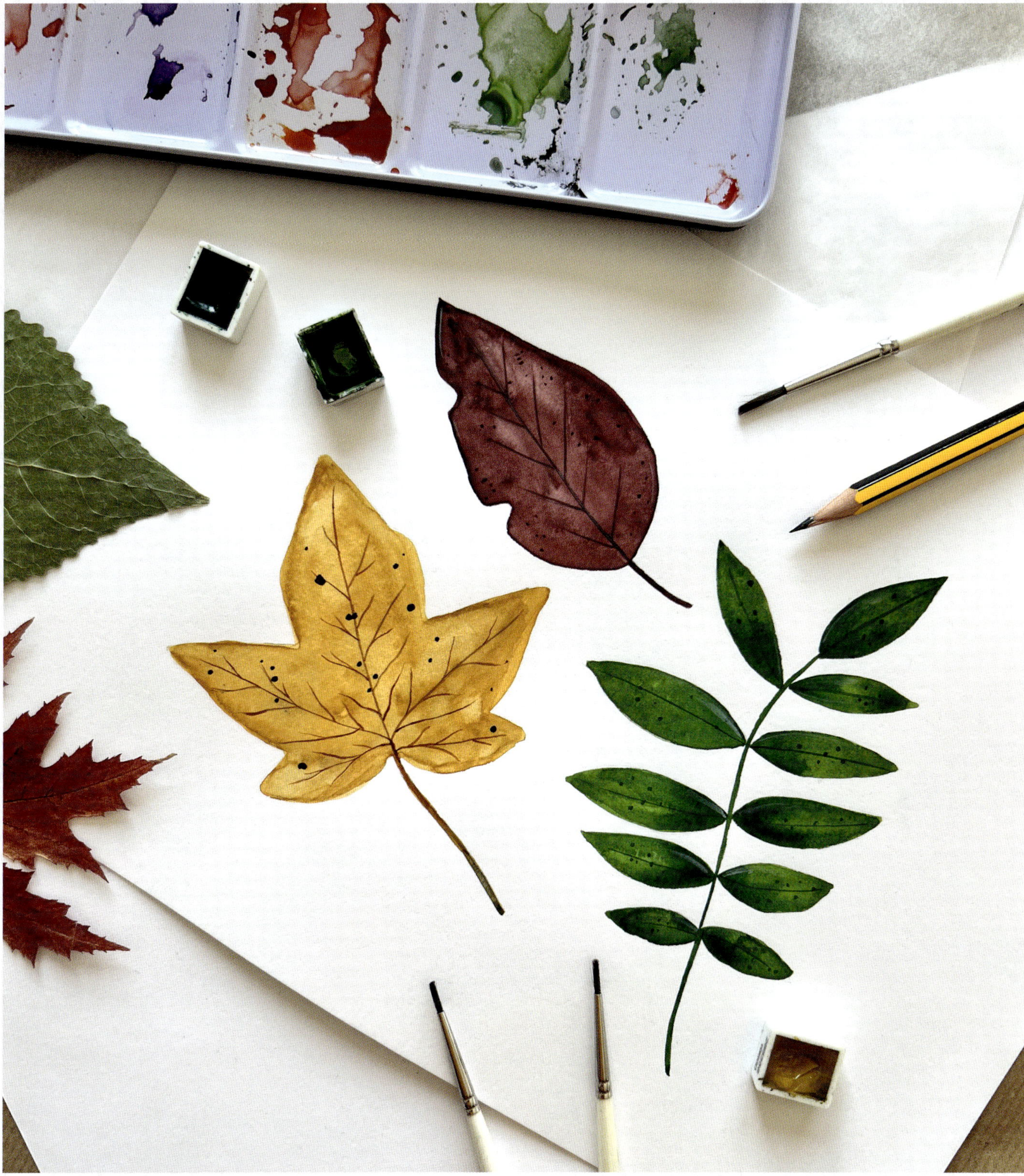

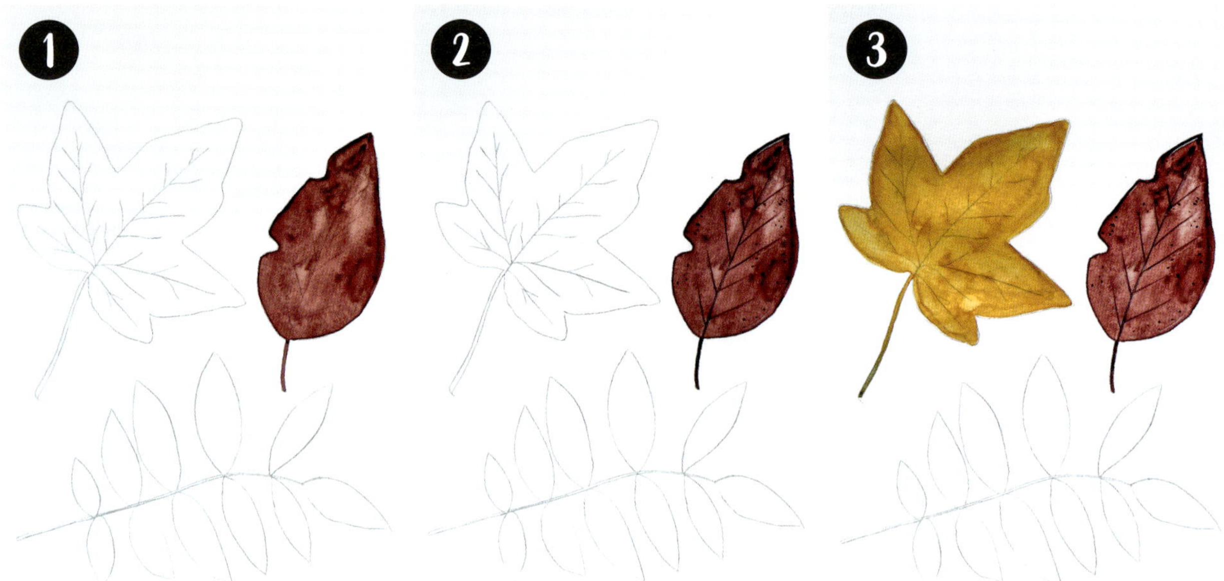

1. Zu Beginn zeichnest du drei verschiedene Blattarten mit einem Bleistift vor. Dabei kannst du dich gerne nach Lust und Laune austoben und deiner Kreativität freien Lauf lassen. Beginne mit dem kleinsten Blatt und aquarelliere die gesamte Fläche und den Stängel in einem rotbraunen Farbton. An den Rändern lässt du etwas mehr Farbpigmente einfließen, damit es lebendiger wirkt.

2. Wenn alles gut getrocknet ist, malst du mithilfe eines dünnen Pinsels die Blattadern in einem dunkleren Braunton auf das Blatt und verteilst braune Pünktchen. Optional kannst du an den Rändern noch zarte weiße Linien ziehen.

3. Jetzt widmest du dich dem nächsten Blatt. Auch hier füllst du zunächst die komplette Fläche, diesmal mit einem Ockerton, und lässt die Farbe ruhig schön in die Ränder laufen, damit sie etwas dunkler aussehen.

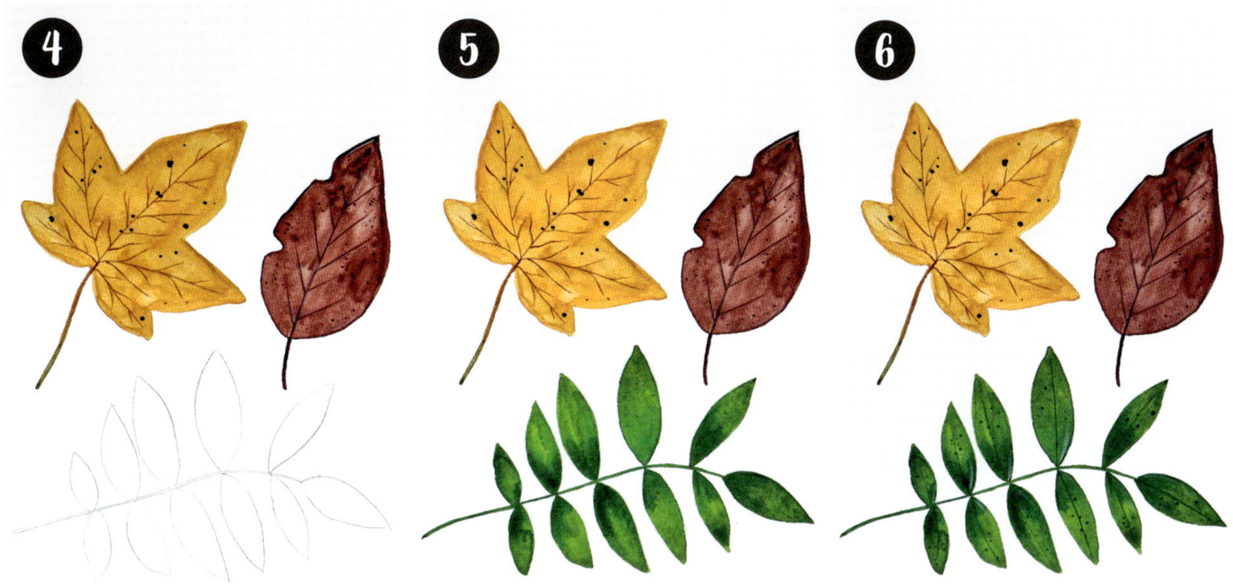

4. Wieder lässt du alles gut trocknen und malst mit einem dünnen Pinsel die zarten Blattadern in einem dunkleren Ocker- bis Braunton nach. Die Blattadern dürfen ruhig etwas wild und ungleichmäßig sein, orientiere dich gerne an einem echten Blatt aus der Natur. Anschließend tupfst du noch viele kleine braune Punkte auf das gesamte Blatt.

5. Für das letzte Laubblatt malst du die kleinen, spitz zulaufenden Blättchen in einem satten Grünton aus. In die Innenseiten gibst du sofort ein dunkleres Grün, damit es schön in den vorherigen Farbauftrag hineinfließt. Anschließend fährst du den grünen Stängel zwischen den Blättchen nach.

6. Wenn alles gut getrocknet ist, ziehst du auf allen Blättchen eine dünne dunkelgrüne Linie, die als Blattader fungieren soll. Zum Schluss verteilst du auch hier beliebig viele braune Punkte. Fertig ist dein buntes Herbstlaub!

TIPP

Es kann eine große Hilfe sein, wenn du gesammelte Laubblätter aus der Natur für dieses Projekt benutzt. Diese legst du auf dein Papier und umrandest sie mit einem Bleistift. Mit diesem Trick kann man sich viel Zeit sparen.

Grashüpfer

Als ich diesen Grashüpfer gemalt habe, musste ich an warme Sommertage denken, die ich als Kind auf der Wiese verbracht habe. Das Zirpen der Grashüpfer weckt in mir immer nostalgische Erinnerungen. Wenn es in dir dieselben Gefühle weckt, solltest du unbedingt auch einen Grashüpfer malen. Ich zeige dir, wie es geht.

DAS BENÖTIGST DU

AQUARELLPAPIER

Clairefontaine Multi-Techniques 250 g/m²

PINSEL

Rundpinsel: 4, 1, 0

FARBEN

- Saftgrün
- Perylengrün
- Lichter Ocker
- Sepia

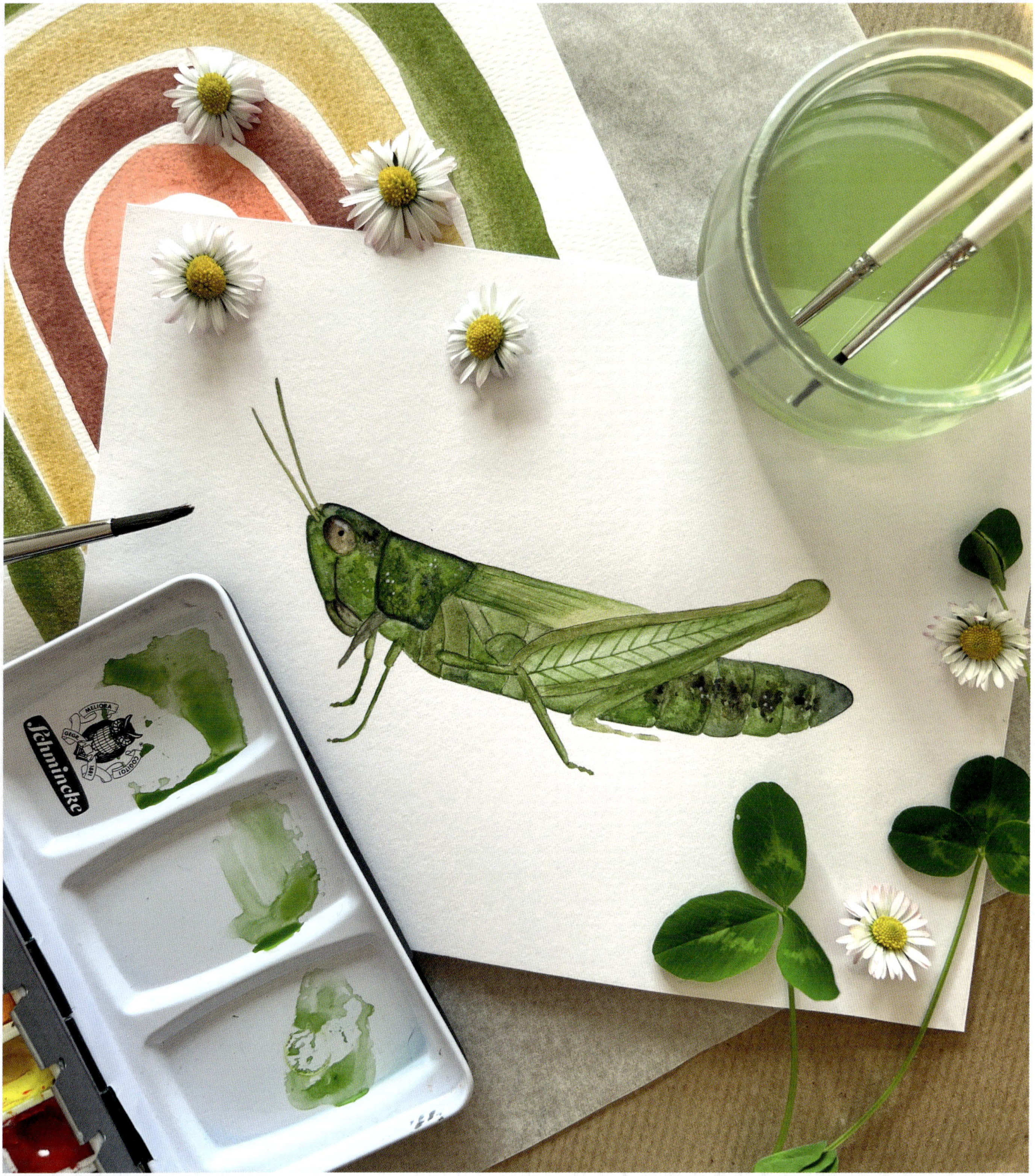
Schmincke

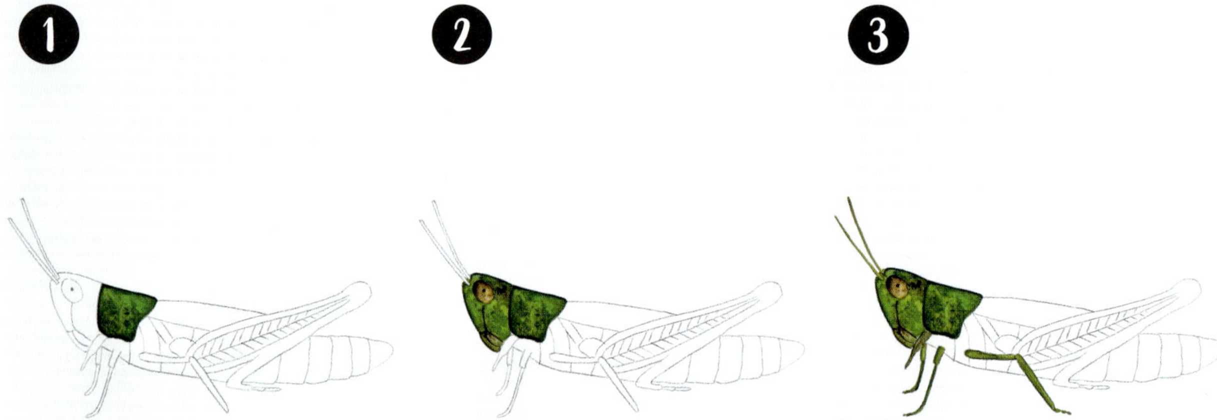

1. Zeichne deinen Grashüpfer vor und koloriere dann als Erstes den kleinen Halsschild mit einem hellen Grünton. Füge nach und nach an den äußeren Rändern und im Innenbereich einen dunkleren Farbton hinzu, um ihn plastischer wirken zu lassen.

2. Fülle nun den Kopf ebenso aus und gib auch hier dunklere Farbe hinzu, um eine interessante Struktur darzustellen. In den Grünton für das Mundwerkzeug mischst du einen hellen Braunton mit hinein und umrandest alles mit einem feinen Pinsel. Anschließend malst du das Auge aus und setzt in die obere Partie einen Schatten sowie die Pupille.

3. Male die schmalen Vorderbeine und die Fühler mit einem dünnen Pinsel und einem hellen Grün aus. Versuche dabei, die Ränder etwas dunkler zu gestalten, um Schatten darzustellen.

TIPP

Für dieses Motiv brauchst du nur zwei verschiedene Grüntöne, die du entweder verdünnst, zusammenmischst oder einfach pur verwendest. Eine gute Gelegenheit, um verschiedene Grüntöne kennenzulernen und auszuprobieren.

4

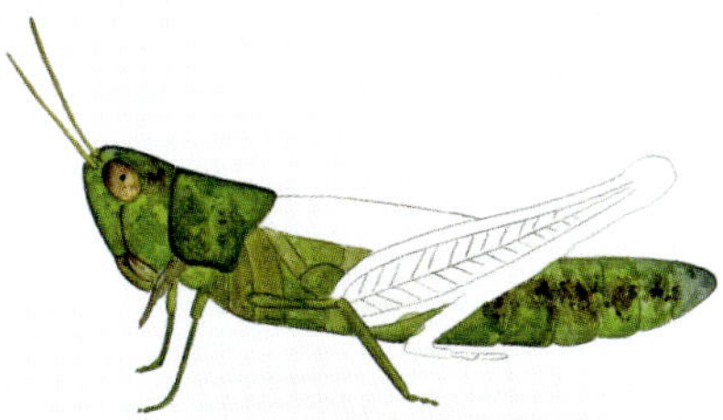

5

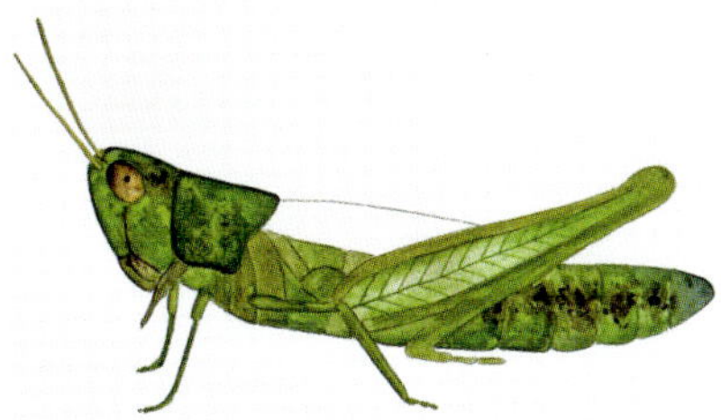

6

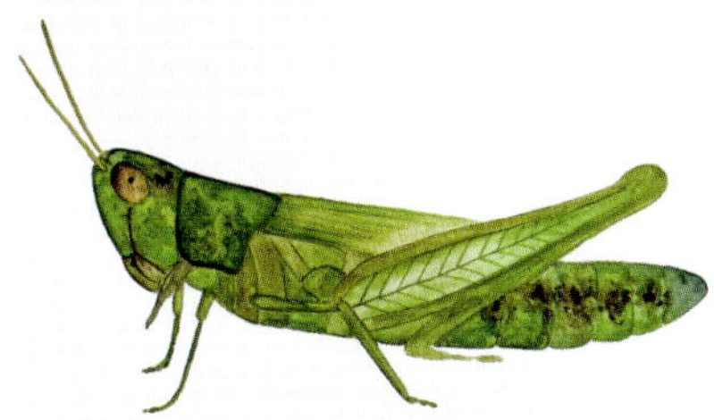

4. Für den Brustbereich und den Hinterleib malst du nach und nach die einzelnen Teile aus. Denke daran, dass du dir dabei Zeit lassen solltest, damit die Konturen nicht ineinanderlaufen. Am Ende sollte man die verschiedenen Teile durch einen allmählichen Farbverlauf auseinanderhalten können. Dem Hinterleib verleihst du noch ungleichmäßige dunklere Farbkleckse.

5. Umrande nun den äußeren Teil des Sprunggelenks in demselben Grünton des Körperteils, aus dem es entspringt. Für den Innenbereich verwendest du einen stark verdünnten hellen Grünton. Sobald alles gut getrocknet ist, ziehst du darin feine dunkelgrüne Linien, die einem Fischgrätenmuster ähneln sollten.

6. Um den Flügel malen zu können, grundierst du ihn zunächst mit einem hellen Grünton und gibst dann am oberen Ende etwas dunklere Farbe hinzu, damit ein schöner Farbverlauf entsteht. Verteile zum Abschluss feine dunkelgrüne Striche darauf, die horizontal zum Körper verlaufen.

Hahnenfuß

Der Hahnenfuß ist meiner Meinung nach eine Blume, der zu wenig Aufmerksamkeit geschenkt wird, obwohl sie doch so zart und bewundernswert ist. Zum größten Teil besteht dieses Motiv aus meditativen Wiederholungen, da sich die einzelnen Blüten und Blätter stark ähneln.

DAS BENÖTIGST DU

AQUARELLPAPIER

Clairefontaine Multi-Techniques
250 g/m²

PINSEL

Rundpinsel: 4, 1, 0

FARBEN

- Chinacridongoldton
- Sepia
- Kadmiumgelb
- Deckweiß
- Permanent Grün

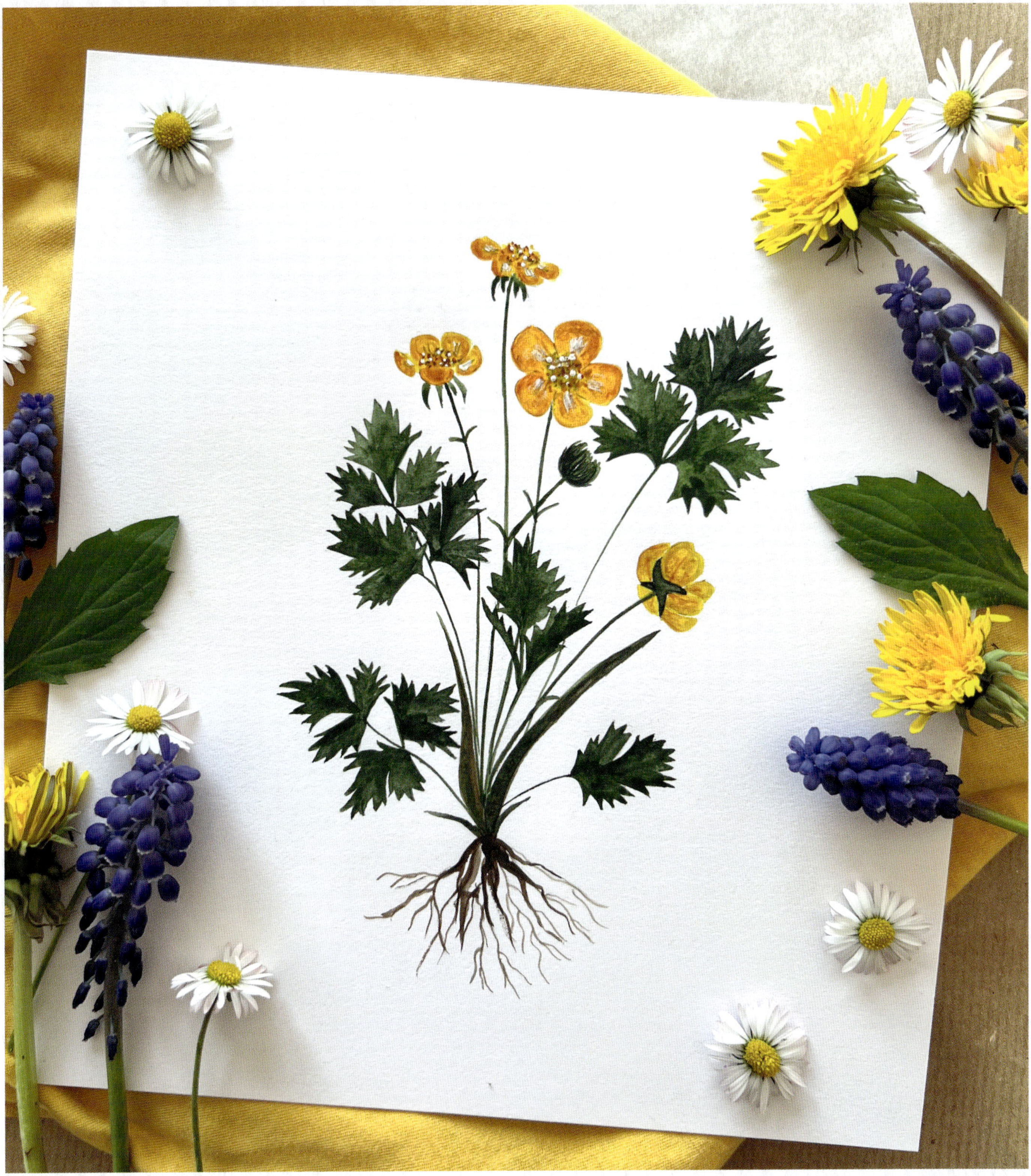

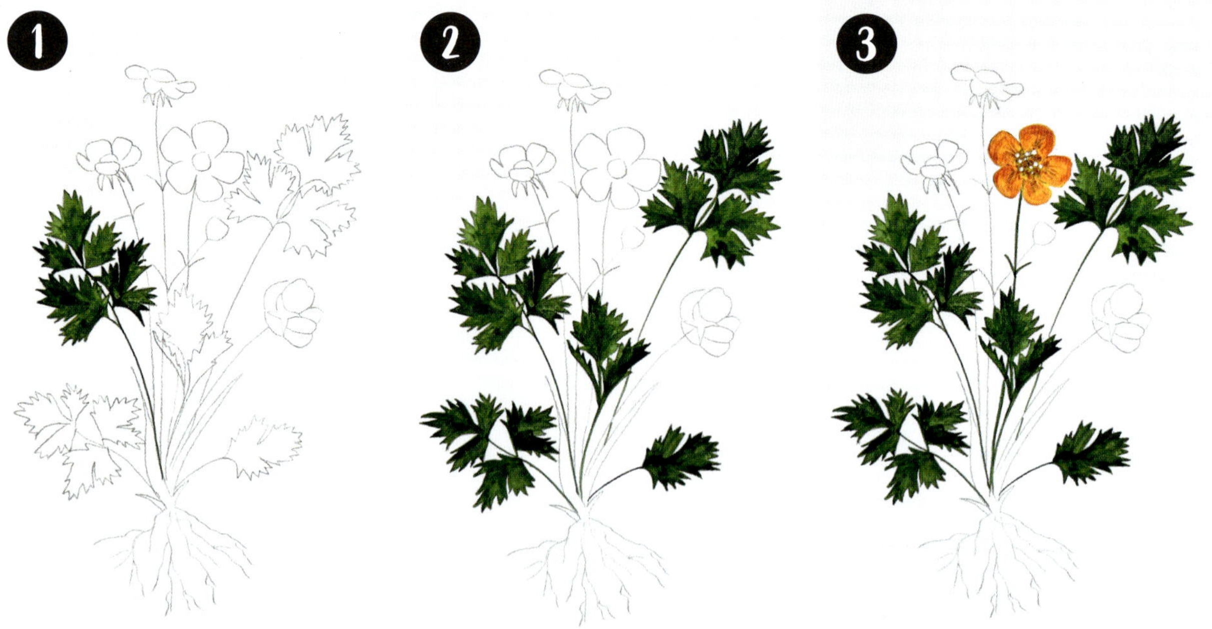

1. Fertige dir eine Vorzeichnung an. Dazu kannst du entweder in der Natur eine Vorlage abfotografieren oder im Internet nach einem geeigneten Bild suchen. Mische dir eine große Menge kräftiges Grün an und beginne mit viel Geduld, das erste Blatt inklusive dem Stängel auszumalen. Versuche dabei, bereits auf Licht- und Schattenverhältnisse zu achten.

2. Mit demselben Prinzip arbeitest du dich nun Blatt für Blatt voran.

3. Jetzt beginnst du mit der mittigen Blüte und malst sie in einem freundlichen Gelbton aus. Wenn alles getrocknet ist, fügst du etwas Kontrast mit einem dunkleren Gelbton hinzu, um Schatten und Fältchen darzustellen. Auf den Blütenblättern kannst du noch feine weiße Striche und Pollenpünktchen verteilen. Vergiss nicht, den Stängel in dem zuvor verwendeten Blattgrün hinzuzufügen.

4

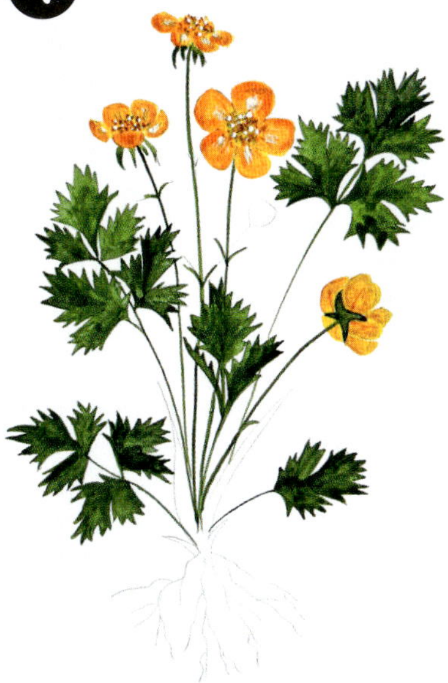

5

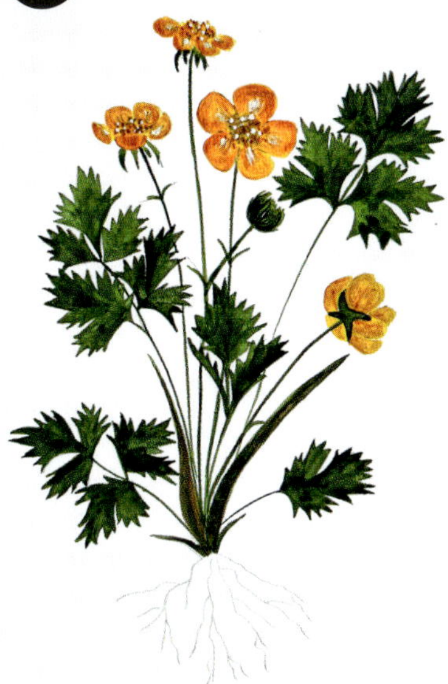

6

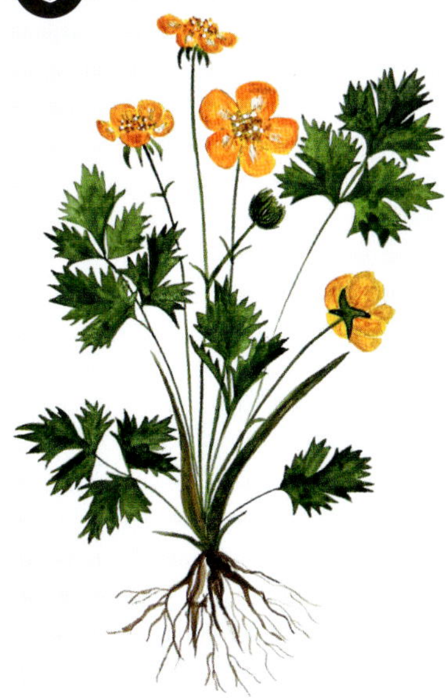

4. Vervollständige nun die restlichen Blüten und deren Stängel nach demselben Prinzip wie in Schritt 3.

5. Für die geschlossene Blüte malst du feine gebogene Striche im Blattgrün, die wie ein Kelch geformt sein sollten. Wenn du damit fertig bist, ergänzt du die spitzen Blätter, die den Stiel im unteren Bereich umhüllen.

6. Nutze für die Wurzeln einen feinen Pinsel und zeichne dünne, ungleichmäßige braune Linien. Je ungleichmäßiger, desto realistischer werden die Wurzeln aussehen. Sieht dein Hahnenfuß nicht wie aus dem Pflanzenführer aus? Er ist wirklich schön geworden!

TIPP

Du musst keine Angst vor den filigranen Blätterspitzen haben. Mit einem extradünnen Pinsel, ein wenig Übung und etwas Geschick lassen sich saubere Kanten blitzschnell zaubern.

Laternenträgerzikade

Die gepunktete Laternenträgerzikade ist mit ihren auffälligen Flügeln ein echter Hingucker und dazu noch unglaublich schön. Ich finde, sie stellt das perfekte Watercolor-Motiv dar, da man durch die verschiedenen Färbungen tolle Farbverläufe erschaffen kann.

DAS BENÖTIGST DU

AQUARELLPAPIER

Clairefontaine Multi-Techniques 250 g/m²

PINSEL

Rundpinsel: 6, 4, 1, 0

FINELINER

Strichstärke 0,20 mm

FARBEN

- Paynesgrau
- Kadmiumrot
- Kadmiumgelb
- Chinesisch Weiß
- Sepia
- Sienna natur
- Schwarz
- Umbra gebrannt

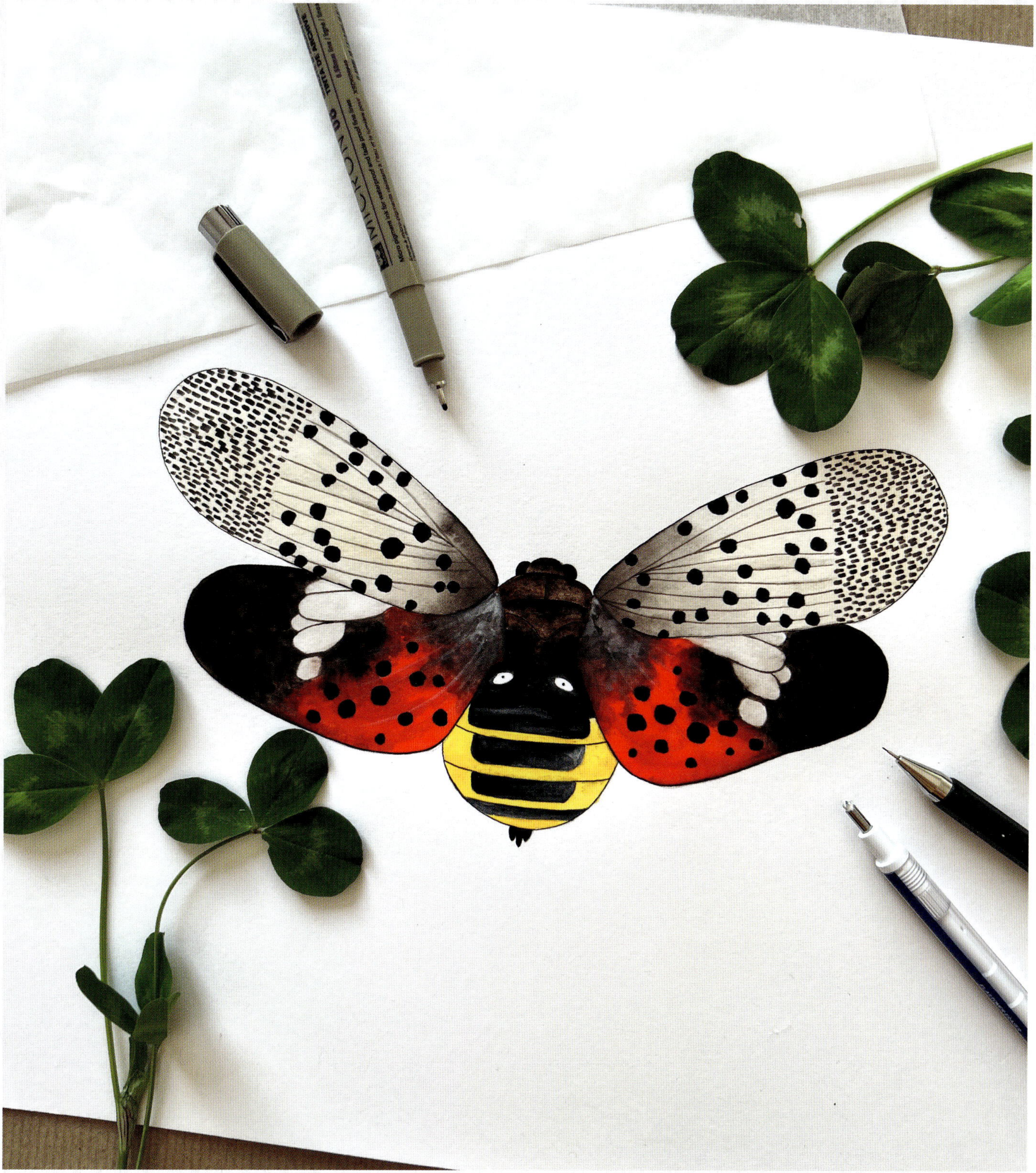

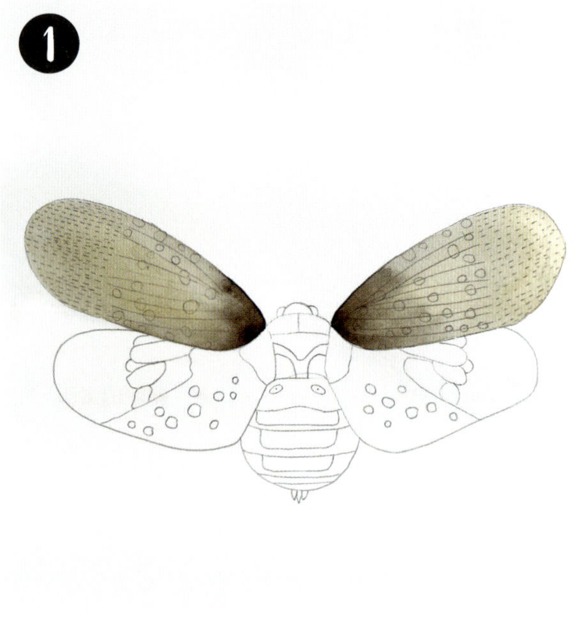

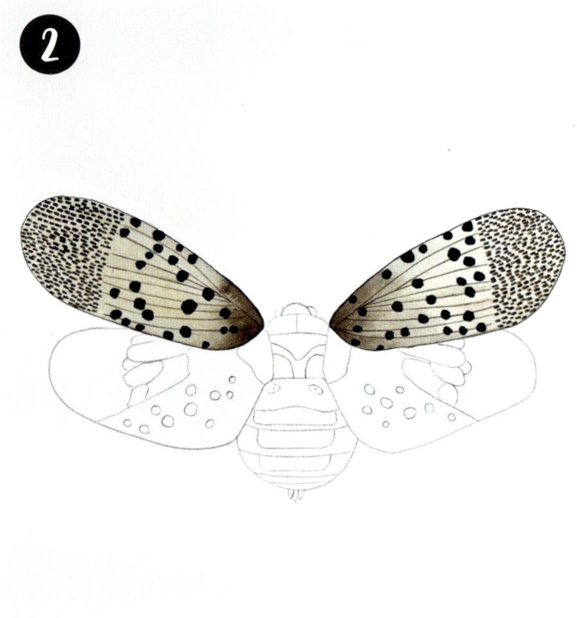

1. Zu Beginn zeichnest du deine Zikade mit einem Bleistift leicht vor. Mische dir einen stark verdünnten Beigeton in deiner Palette an und lasiere die beiden oberen Flügel damit. Solange die Farbe noch feucht ist, lässt du einen dunklen Braunton in die Innenseiten der Flügel hineinlaufen. Das Ziel ist es, einen gleichmäßigen Farbverlauf zu erschaffen.

2. Nachdem alles gut getrocknet ist, widmest du dich nun den feinen Details und beginnst, die kleinen schwarzen Punkte auszumalen. Anschließend tauchst du einen dünnen Pinsel in braune Farbe und ziehst hauchdünne Adern. Nun folgen die kleinen länglichen Striche an den Flügelspitzen, die so nah wie möglich und bestenfalls versetzt gemalt werden sollen. Mit einem schwarzen Fineliner umrandest du die Flügel an den Außenseiten.

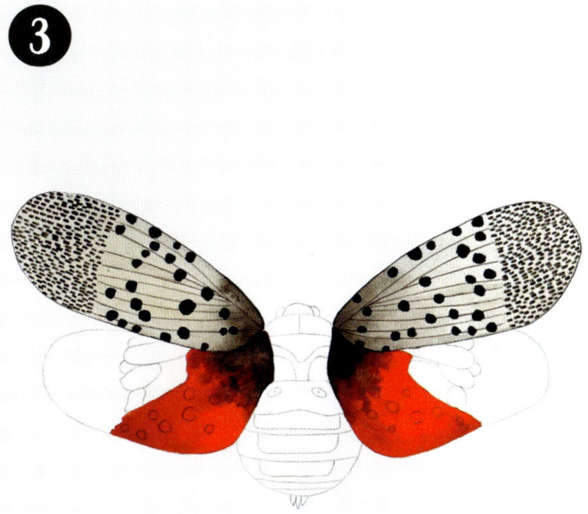

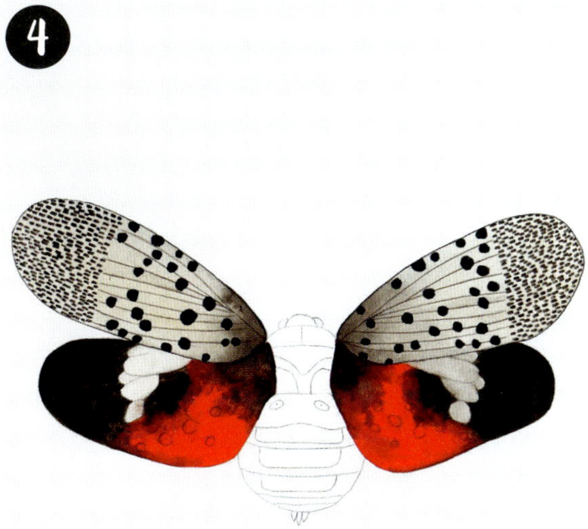

3. Im dritten Schritt aquarellierst du die Innenseiten der beiden Unterflügel in einem satten Rotton. Tupfe dann direkt dunkelbraune Farbe in die Innenwinkel der Unterflügel und lass sie schön in das noch nasse Rot hineinlaufen. Dabei darf der Verlauf ruhig etwas fleckig werden.

4. Färbe nun die restlichen Bereiche der Unterflügel mit demselben Braunton ein und aktiviere die rote Farbe mit einem feuchten Pinsel, damit sich beide Farbtöne miteinander verbinden können. Achte darauf, dass du die hellen Stellen dabei aussparst und alles gut trocknen lässt. Mische dir einen sehr stark verdünnten Braunton in deiner Mischpalette an und bedecke die hellen Stellen damit.

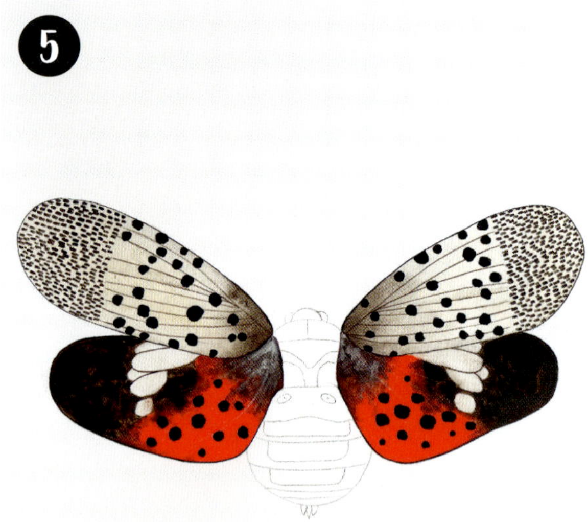

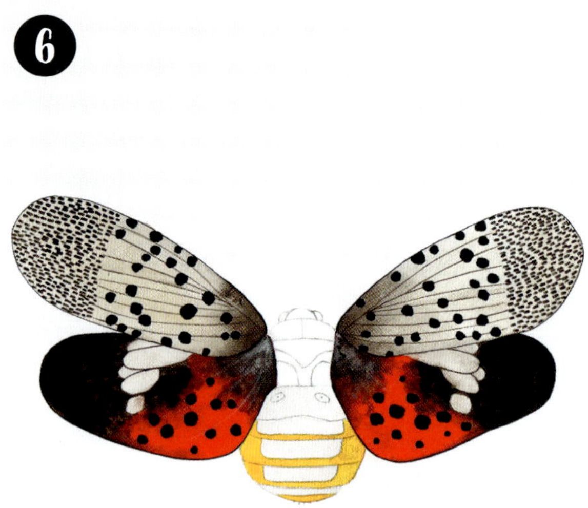

5. Tauche deinen Pinsel in schwarze Farbe und male viele unterschiedlich große Pünktchen auf den roten Bereich. Nun tupfst du in die Innenseiten der Flügel etwas von der weißen Farbe, um diesen Bereich aufzulockern, und ziehst von innen nach außen hauchdünne weiße Linien. Umrande die Flügel mit einem schwarzen Fineliner.

6. Da die Flügel jetzt fertig sind, widmest du dich nun dem Hinterleib der Zikade. Mit einem Gelbton und einem dünnen Pinsel bemalst du den äußeren Rand des Musters.

TIPP

Arbeite recht zügig, damit du noch ausreichend Zeit für die Bearbeitung der feuchten Farben hast und die wichtigen Momente nicht verpasst. Sobald sie trocken sind, wird es nämlich schwierig, schöne Farbverläufe zu generieren.

7

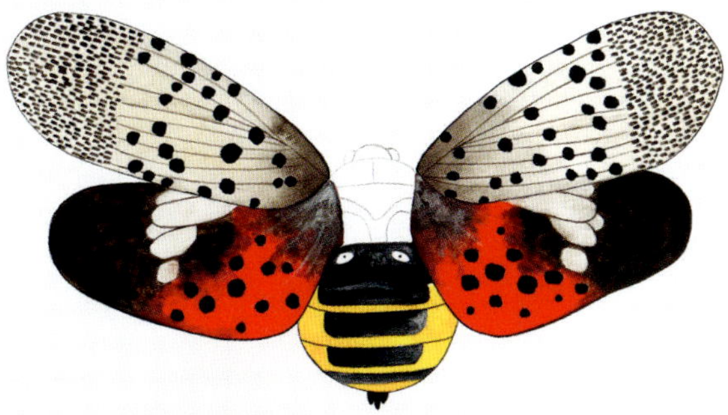

8

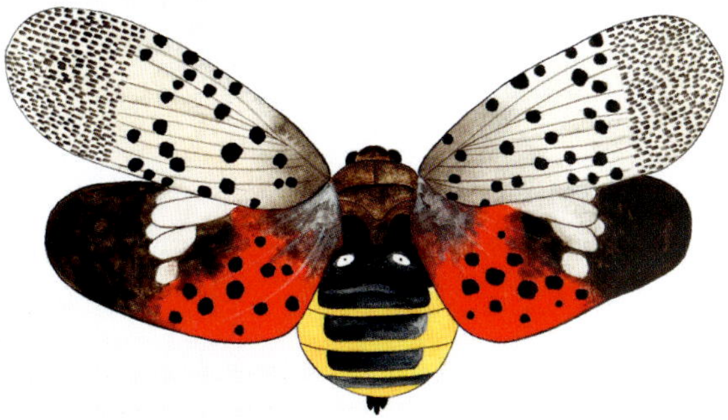

7. Wenn die gelben Bereiche getrocknet sind, vervollständigst du den Hinterleib mit einem dunklen Grauton. Verwende hierfür am besten einen dünnen Pinsel und kreiere saubere Kanten. Im oberen Bereich solltest du besonders vorsichtig sein und zwei Ovale frei lassen, die mit einem kleinen Punkt in der Mitte verziert werden. Benutze einen schwarzen Fineliner und male ein kleines Schwänzchen dazu. Umrande auch den Hinterleib und ziehe dünne Linien zwischen den verschiedenen Schichten.

8. Zuletzt kolorierst du die Oberkörperpartien in einem eher hellen Braunton und reduzierst die überschüssige Farbe mit einem trockenen Pinsel, um etwas Struktur zu kreieren. Den unteren Bereich bemalst du mit schwarzer Farbe und verbindest dabei den Oberkörper und den Hinterleib. Zum Schluss umrandest du die verschiedenen Partien mithilfe eines schwarzen Fineliners und malst zwei runde Augen dazu.

Goliathkäfer

Findest du nicht auch, dass so ein Goliathkäfer sehr furchteinflößend und gefährlich aussieht? In Wahrheit sind diese wunderbaren Käfer vollkommen harmlos und bieten ein tolles Malmotiv durch ihr interessantes Muster auf den Deckflügeln.

DAS BENÖTIGST DU

AQUARELLPAPIER

Clairefontaine Multi-Techniques 250 g/m²

PINSEL

Rundpinsel: 9, 4, 1, 0

FINELINER

Strichstärke 0,20 mm & 0,50 mm

FARBEN

- Lichter Ocker
- Schwarz
- Umbra gebrannt
- Paynesgrau
- Chinesisch Weiß
- Deckweiß

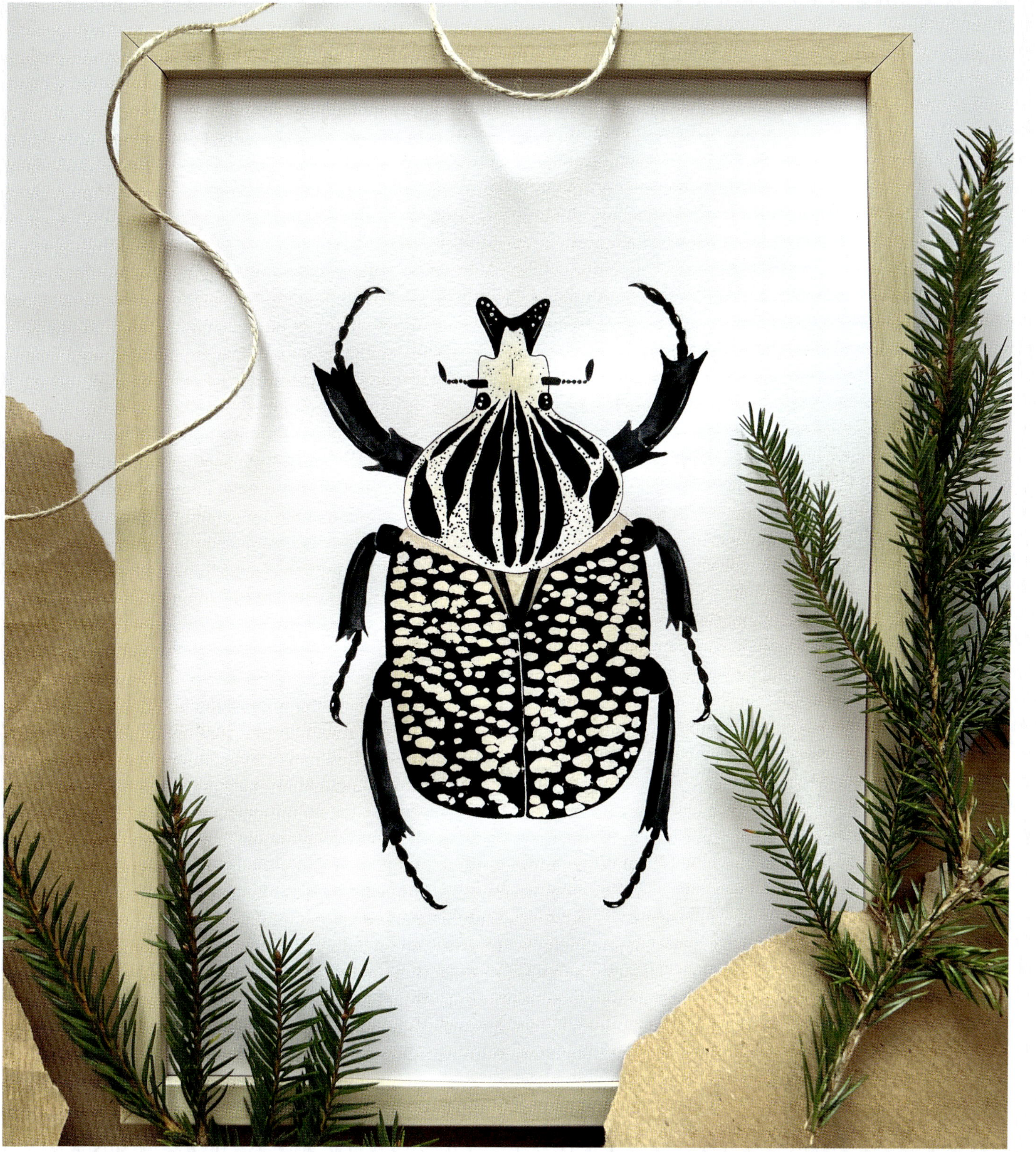

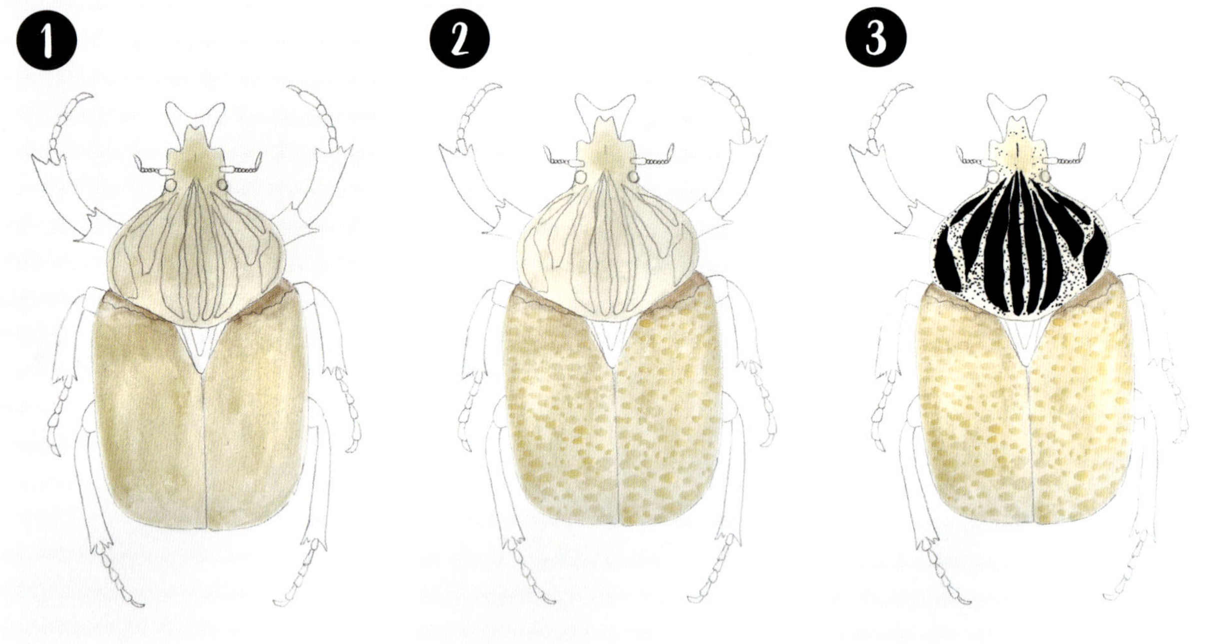

1. Zeichne als Erstes deine Skizze vor. Grundiere die Deckflügel und den Halsschild des Goliathkäfers gleichmäßig mit einem Beigeton. Achte darauf, dass du den oberen Teil der Deckflügel etwas dunkler gestaltest und dabei einen schönen Farbverlauf kreierst.

2. Wenn alles getrocknet ist, tupfst du mit der Maskierflüssigkeit ungleichmäßige Punkte auf beide Deckflügel. Lass die Maskierflüssigkeit gut antrocknen, bevor du mit dem nächsten Schritt fortfährst.

3. Nun widmest du dich dem Halsschild und füllst die dünnen Muster mit Schwarz aus. Verwende einen Fineliner und verteile viele Pünktchen auf dem gesamten Bereich, auch bis zum Kopf sollten sie reichen.

TIPP

Benutze beim Auftragen der Maskierflüssigkeit immer einen alten Pinsel und wasche ihn anschließend gründlich mit viel Wasser aus, damit die Pinselhaare nicht verkleben. Schließlich möchtest du ihn ja öfter verwenden.

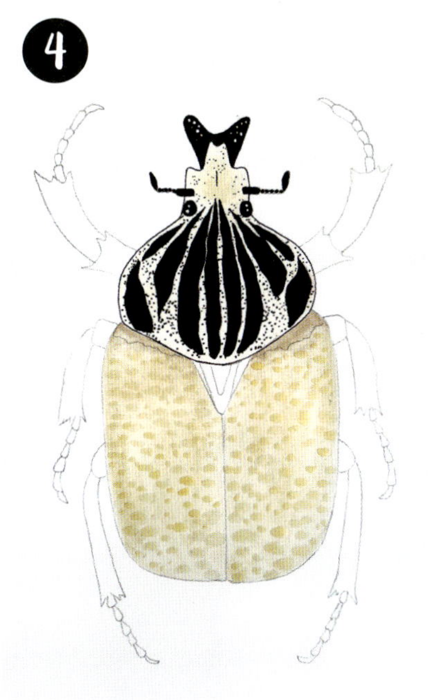

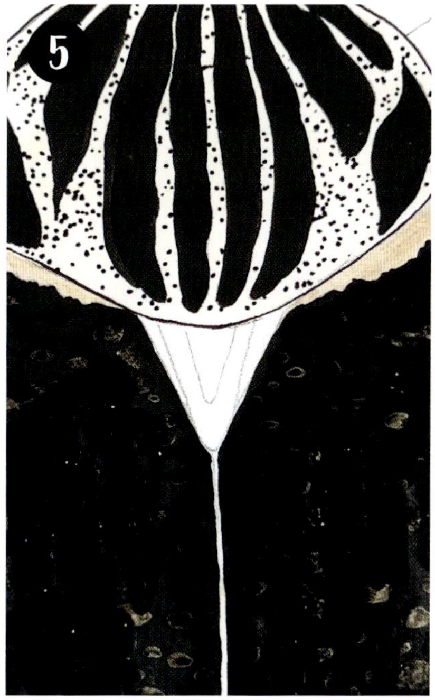

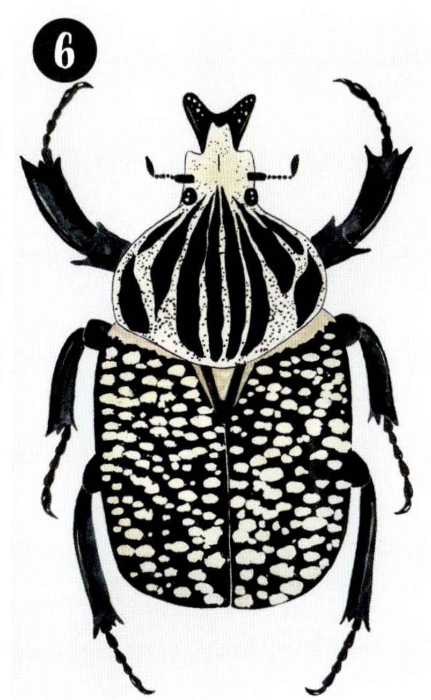

4. Als Nächstes bearbeitest du den Kopf. Male zwei Augen mithilfe eines schwarzen Fineliners und tupfe jeweils zwei kleine weiße Pünktchen darauf. Bemale nun beide Antennen und den oberen Teil des Kopfes mit schwarzer Farbe und verteile hier ein paar weiße Pünktchen.

5. Koloriere die beiden Deckflügel schwarz und lass dabei eine weiße Naht zwischen den beiden Flügeln frei, damit man sie besser auseinanderhalten kann. Durch die zuvor aufgetragene Maskierflüssigkeit kannst du dabei ziemlich großflächig arbeiten und musst nicht darauf aufpassen, die kleinen Pünktchen aus Versehen zu übermalen.

6. Zum Schluss malst du das kleine Schildchen zwischen den beiden Deckflügeln sowie die einzelnen Schienen und Schenkel aus. Füge vier bis fünf Tarsus-Glieder hinzu und zeichne an den Enden jeweils eine Klaue. Sobald alles getrocknet ist, entfernst du vorsichtig die Maskierflüssigkeit und fügst partiell weiße Highlights hinzu.

Kleine braune Pilze

Das Schöne am Pilzemalen ist, dass man sich nicht genau nach den Vorgaben richten muss. Man darf sich gerne verschiedene Formen und Farben aussuchen und hat einen gewissen Freiraum bei der Gestaltung. So was schätze ich beim Malen sehr.

DAS BENÖTIGST DU

AQUARELLPAPIER

Clairefontaine Multi-Techniques 250 g/m²

PINSEL

Rundpinsel: 4, 1, 0

FINELINER

Strichstärke 0,20 mm

FARBEN

- Siena natur
- Umbra gebrannt
- Sepia
- Paynesgrau
- Schwarz
- Chinesisch Weiß

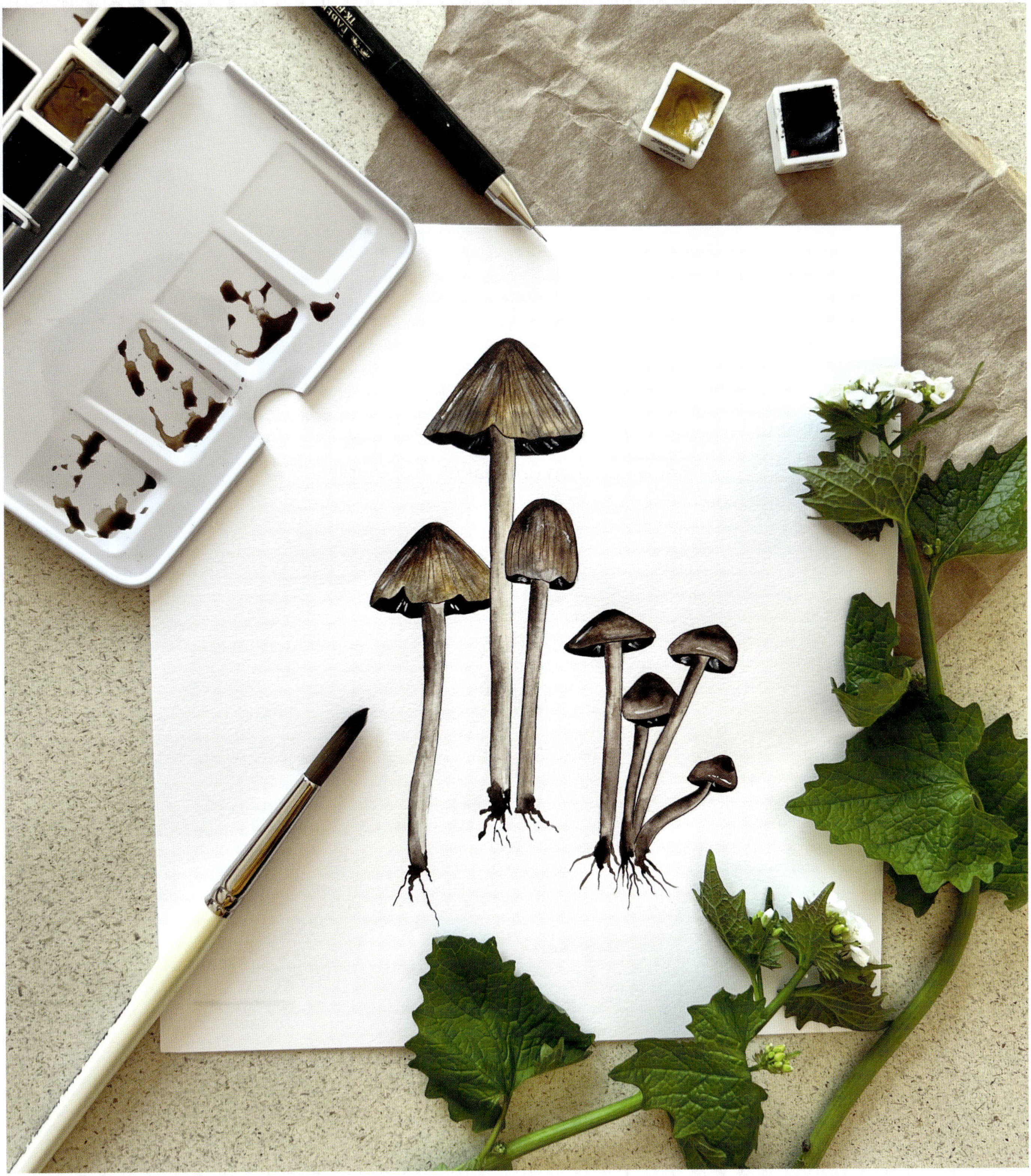

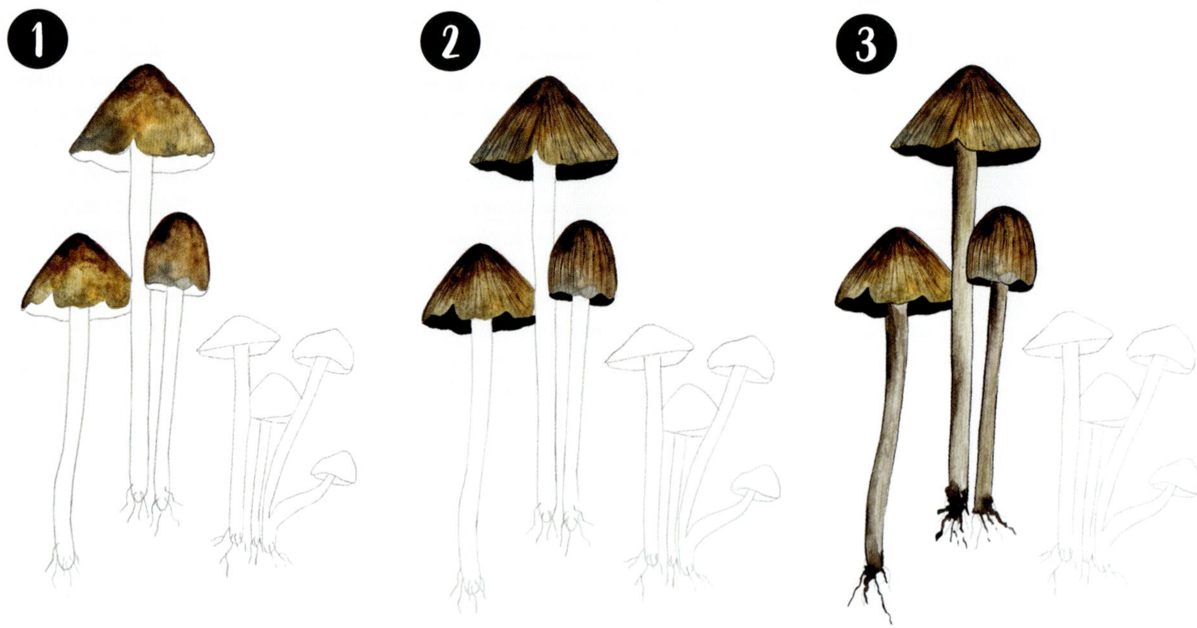

1. Zeichne dir zwei verschiedene Pilzarten mit einem Bleistift vor und beginne mit den drei großen Pilzen auf der linken Seite. Mische dir nun einen satten Braunton an und koloriere die Pilzhüte damit. Solange die Farbe noch feucht ist, gibst du in die Hutspitzen einen dunklen Braunton und lässt einen Grauton in die unteren Ränder hineinlaufen, damit ein gleichmäßiger Farbverlauf entsteht.

2. Nachdem der erste Schritt getrocknet ist, malst du die Röhren unter den Pilzhüten mit einem schwarzen Fineliner aus. Jetzt nimmst du einen dünnen Pinsel und verteilst zarte braune Linien auf den Pilzhüten, die von oben nach unten verlaufen sollen.

3. Male nun die Stiele mit einem stark verdünnten Braunton und gib ein dunkleres Braun an den Schattenseiten hinzu, solange alles noch feucht ist. Ziehe mit der Pinselspitze und einem dunklen Braunton ungleichmäßige Wurzelhaare und lass die Farbe dabei etwas in den Stiel hochsteigen. Umrande alles mit einem schwarzen Fineliner.

TIPP

Falls du zu viel Farbe aufgetragen hast, kannst du die überschüssige Farbe mit einem trockenen Pinsel abheben und die Farbpigmente reduzieren.

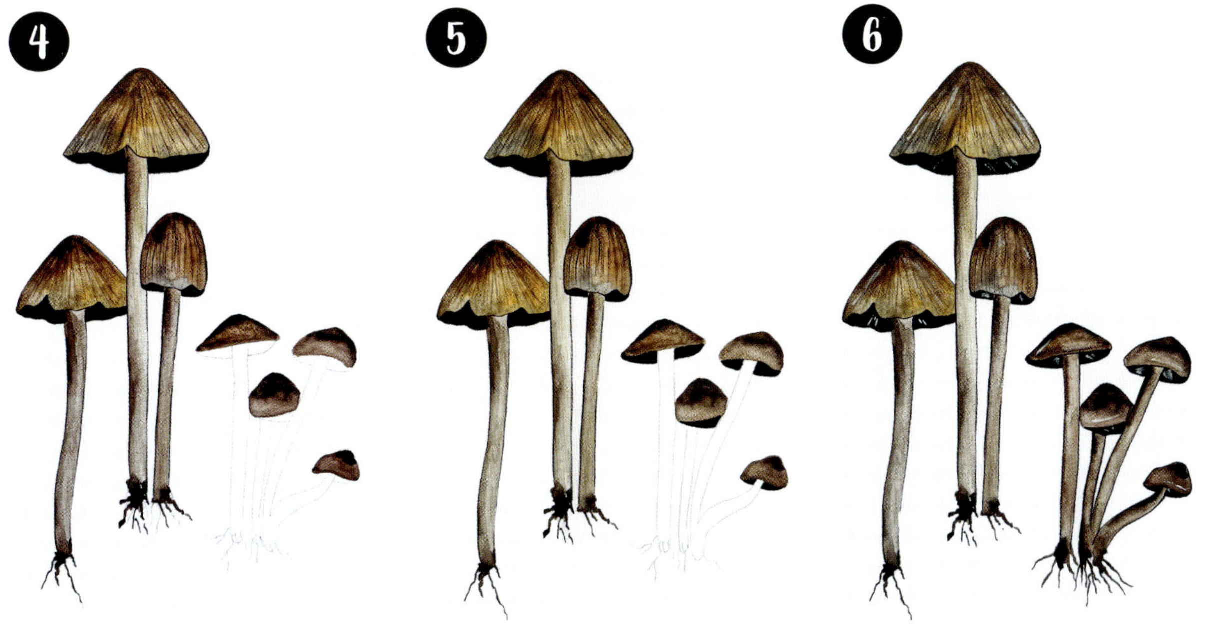

4. Nun widmest du dich den kleineren Pilzen auf der rechten Seite und bemalst sie mit einem hellen Braunton. Solange die Flächen noch feucht sind, arbeitest du einen dunkleren Braunton in die Hutspitzen ein und kreierst einen schönen Farbverlauf.

5. Ergänze die Röhren unter den Pilzhüten mit einem schwarzen Fineliner. Diese Flächen dürfen bei Pilzen immer besonders dunkel werden, da hier der intensivste Schatten liegt.

6. Trage nun einen hellen Braunton auf die Stiele auf und lass etwas vom dunklen Braun in die Ränder laufen, um Schattierungen darzustellen. Auch hier ziehst du ungleichmäßige Wurzelhaare an den unteren Stielenden und lässt die dunkle Farbe ein bisschen nach oben in die Stiele fließen. Danach umrandest du die Pilze mit einem schwarzen Fineliner. Wenn du magst, kannst du mit etwas weißer Farbe und einem dünnen Pinsel Highlights verteilen, damit ein gewisser Glanz entsteht.

Bänderschnecke

Schnecken gibt es in unzähligen Farben und Formen und auch sie eignen sich hervorragend als Malmotive. Die Kombination zwischen dem warmen Gelbton und dem satten Braunton im Schneckenhaus der Bänderschnecke harmoniert meiner Meinung nach besonders gut. Es ist definitiv einen Versuch wert, dieses fröhliche Motiv nachzumalen.

DAS BENÖTIGST DU

AQUARELLPAPIER

Clairefontaine Multi-Techniques 250 g/m²

PINSEL

Rundpinsel: 6, 4, 0

FINELINER

Strichstärke 0,20 mm

FARBEN

- Saftgrün
- Chinesisch Weiß
- Siena gebrannt
- Kadmiumgelb
- Lichter Ocker
- Sepia
- Umbra gebrannt

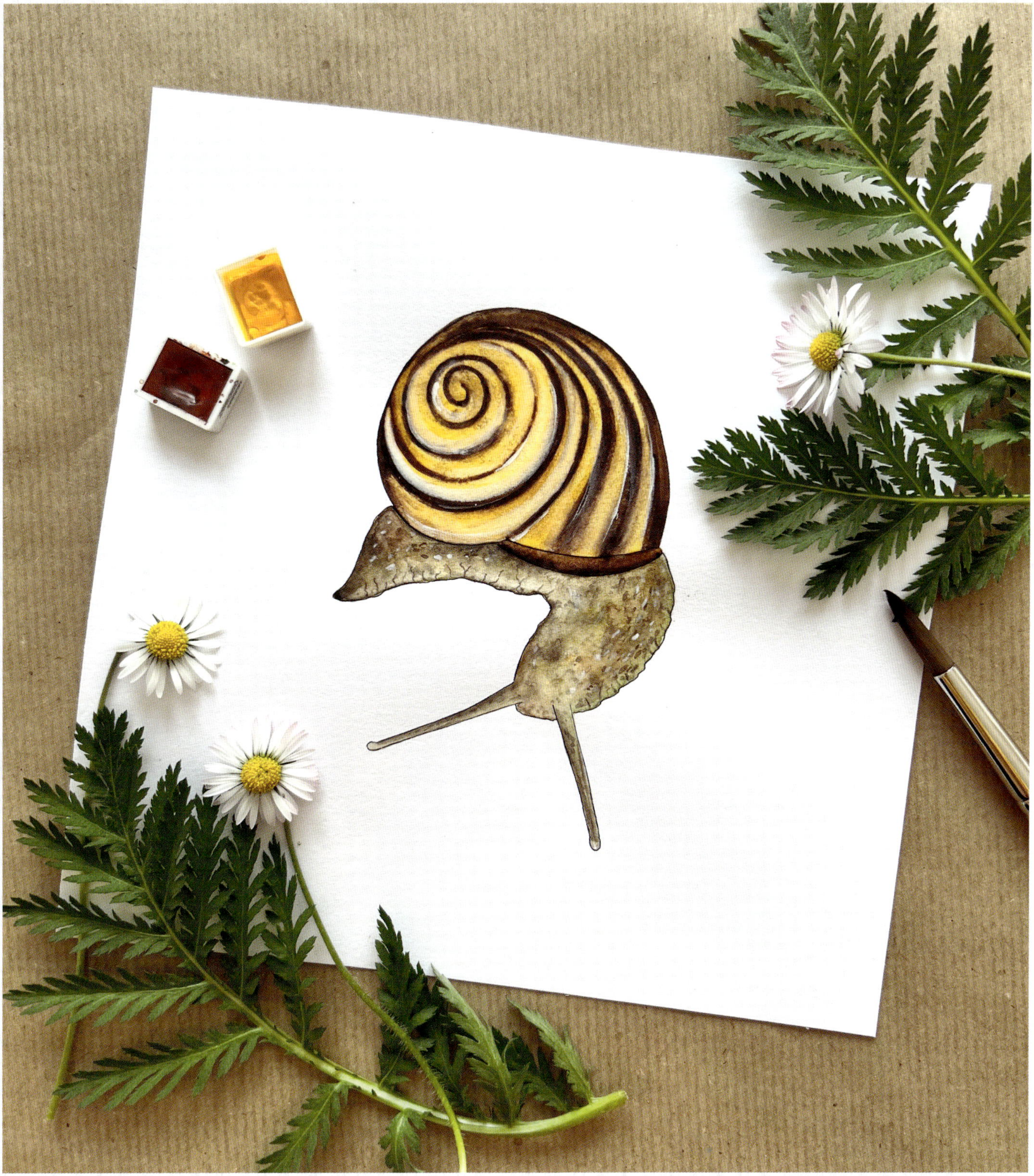

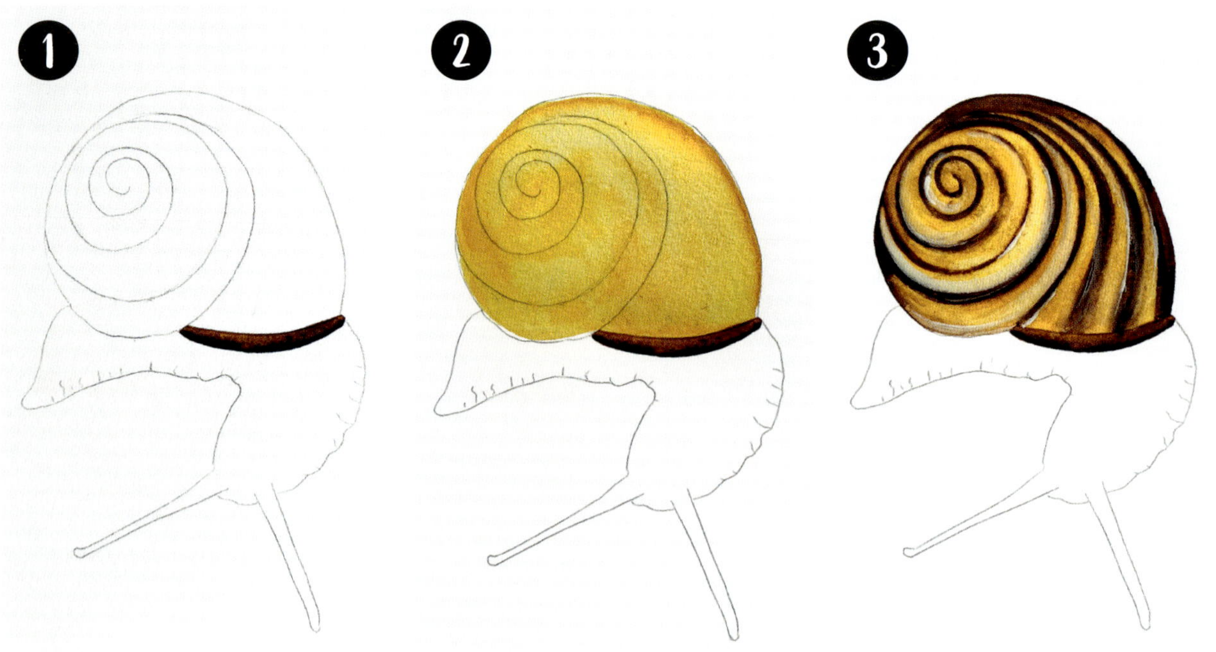

1. Starte mit einer Vorzeichnung der Schnecke und bemale den Rand des Eingangs mit einem satten dunklen Braunton.

2. Jetzt bemalst du mit einem großflächigen Pinsel und einem fröhlichen Gelbton das Schneckenhaus. Die Ränder des Schneckenhauses dürfen dabei gerne ein wenig dunkler werden.

3. Wenn alles gut getrocknet ist, malst du in das Schneckenhaus das typische braune Spiralmuster. Je mehr die Streifen ins Zentrum gelangen, desto dünner sollten sie gestaltet werden. Mit einem feuchten Pinsel verblendest du vorsichtig die harten Ränder des Musters. Verteile noch weiße Highlights, die einen Schimmereffekt bewirken sollen.

4

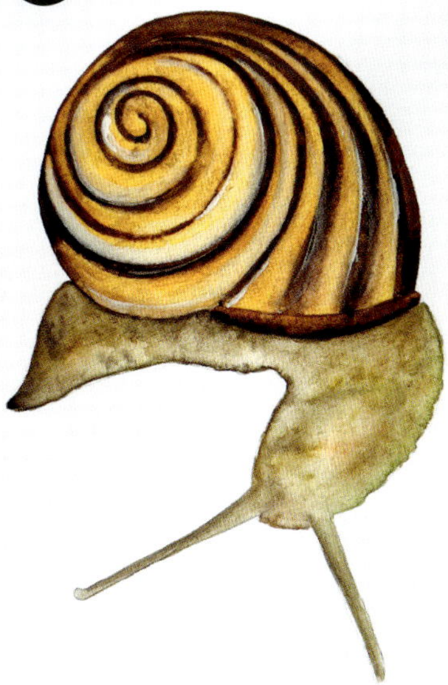

5

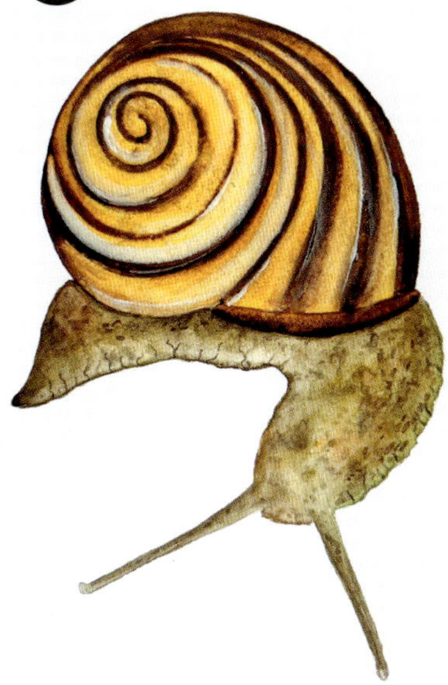

6

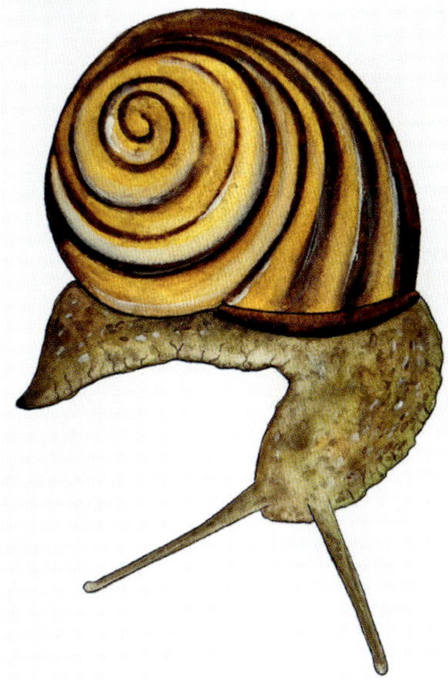

4. Nun geht es darum, die Schleimhaut der Schnecke zu grundieren. Befeuchte das Papier und gib nach und nach verschiedene gelbliche, bräunliche und graue Farbnuancen bei. Achte darauf, dass du dir gleich zu Beginn überlegst, wo die Schatten fallen.

5. Mit dünnen Pinseltupfern und leicht dunkleren Farbtönen fügst du der Schleimhaut Struktur hinzu. Falls dir die Struktur zu kräftig erscheint, kannst du sie immer wieder verblenden und abschwächen. Danach verteilst du unregelmäßige braungraue Linien am unteren Rand der Schleimhaut, die die feinen Falten darstellen sollen.

6. Umrande die komplette Schnecke mit einem Fineliner und verteile noch einige weiße Glanzstellen auf der Schleimhaut. Fertig ist deine Bänderschnecke!

TIPP

Es empfiehlt sich, immer ausreichend Farbe in einer Keramikpalette oder dem Deckel des Farbkastens anzumischen, da es schwer werden kann, den exakten Farbton erneut zu treffen.

Kröte

Bei diesem Krötenmotiv wird das Orange zu deinem besten Freund. Es harmoniert wunderbar mit den restlichen Farben und hebt sich besonders gut ab. Probiere es doch gerne aus und lass dich positiv überraschen.

DAS BENÖTIGST DU

AQUARELLPAPIER

Clairefontaine Multi-Techniques 250 g/m²

PINSEL

Rundpinsel: 6, 4, 1, 0

FARBEN

- Permanent Orange
- Siena gebrannt
- Sepia
- Schwarz
- Umbra gebrannt
- Permanent Grün
- Saftgrün
- Deckweiß

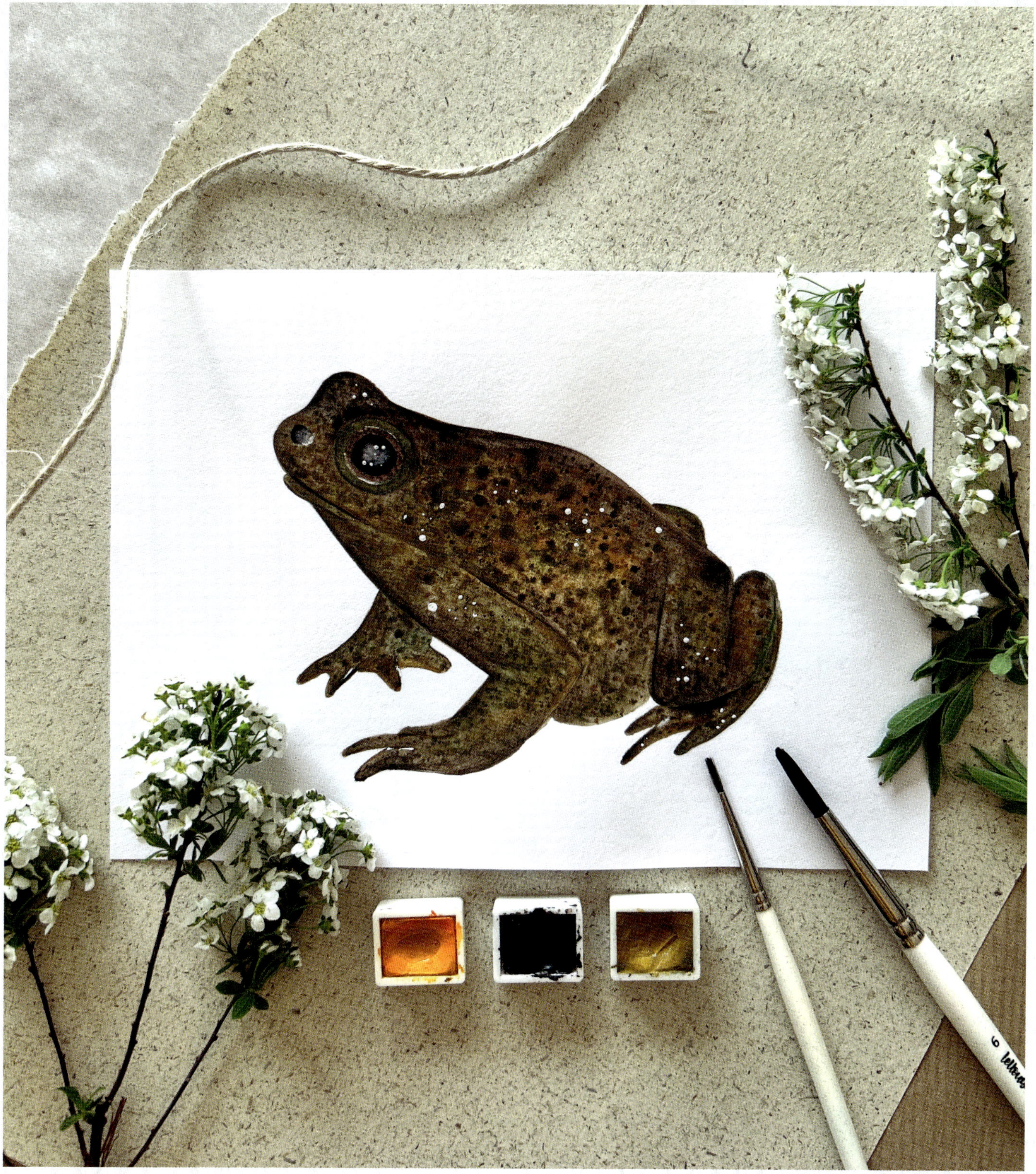

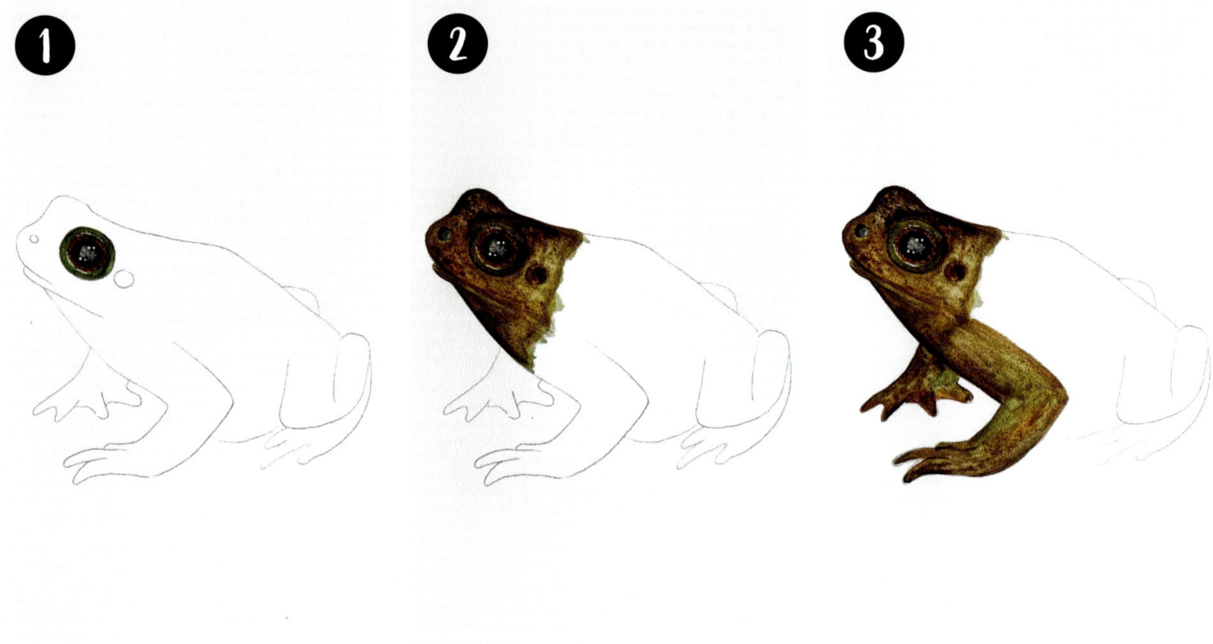

1. Zeichne deine Kröte vor und beginne mit dem Augapfel. Male die schwarze Pupille aus und füge weiße Stellen und Pünktchen hinzu. Als Nächstes ergänzt du einen braunen und grünen Ring um die Pupille. Optional kannst du die Ringe mit Deckweiß trennen, indem du eine feine, halbrunde Linie ziehst.

TIPP

Bei Aquarellmotiven arbeitet man immer von hell nach dunkel und intensiviert die Farben stückchenweise. So behält man eine bessere Kontrolle und kann bei Missgeschicken schneller eingreifen.

2. Grundiere den Kopf mit verschiedenen erdigen Farbtönen und überlege dir schon zu Beginn, wo die Schatten fallen werden. Wenn alles getrocknet ist, malst du das Nasenloch und das Trommelfell aus.

3. Koloriere nun die Vorderbeine auf dieselbe Weise wie zuvor den Kopf und verwende auch hier grünbraune bis braunorange Farbtöne.

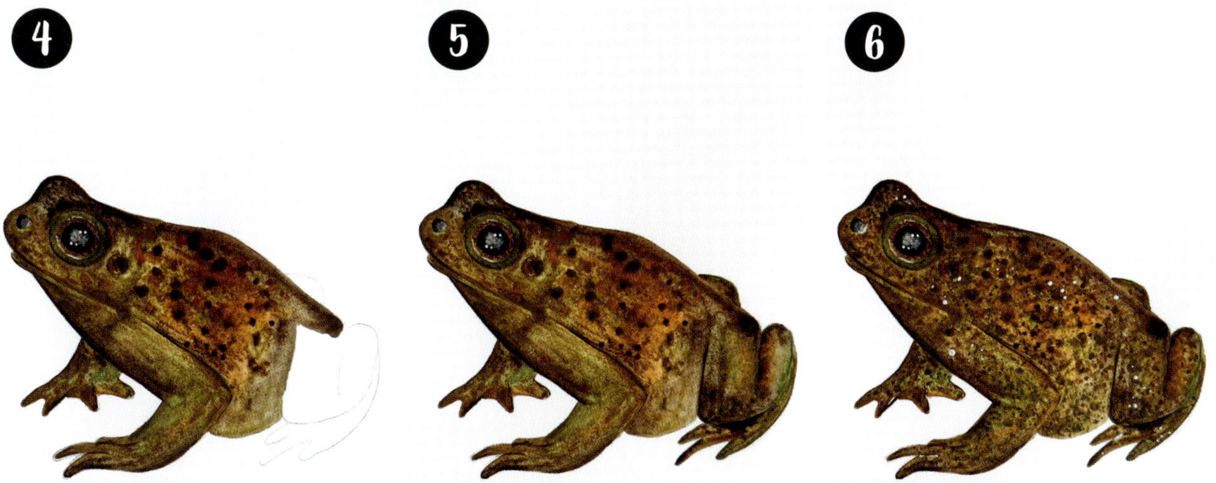

4. Fahre nun mit den Rumpf fort und verbinde ihn mit den davor gemalten Körperteilen. Arbeite hier eher mit bräunlich orangen Farbtönen. Versuche, möglichst zügig zu arbeiten, da du große dunkle Poren in diesem Bereich hinzufügen musst, die noch etwas mit dem unteren Farbauftrag verschwimmen sollten.

5. Male anschließend die Hinterbeine aus. Nutze dabei dasselbe Prinzip wie bei den Vorderbeinen in Schritt 3. Durch die angewinkelte Form der Hinterbeine befinden sich hier allerdings ein paar dunklere Schatten. Achte darauf, diese richtig zu platzieren.

6. Im letzten Arbeitsschritt ist Fleißarbeit angesagt. Verwende verschiedene dunklere Farbtöne und überdecke die Kröte mit unterschiedlich großen Punkten, um Poren anzudeuten. Falls die Poren zu scharfkantig erscheinen, kannst du sie jederzeit mit einem feuchten Pinsel verblenden. Füge zum Schluss weiße Akzente und weiße Pünktchen hinzu.

Streifenwanze

Wie sagt man so schön? Gut Ding will Weile haben. Diese Redewendung trifft hier direkt ins Schwarze, da man die einzelnen Farbstreifen der Streifenwanze gut trocknen lassen muss, damit klare Kanten bestehen bleiben und nichts ineinanderläuft. Habe hier also etwas Geduld, es lohnt sich!

DAS BENÖTIGST DU

AQUARELLPAPIER

Clairefontaine Multi-Techniques 250 g/m²

PINSEL

Rundpinsel: 6, 4, 1, 0

FINELINER

Strichstärke 0,20 mm

FARBEN

- Permanent Orange
- Kadmiumrot
- Paynesgrau
- Chinesisch Weiß
- Deckweiß

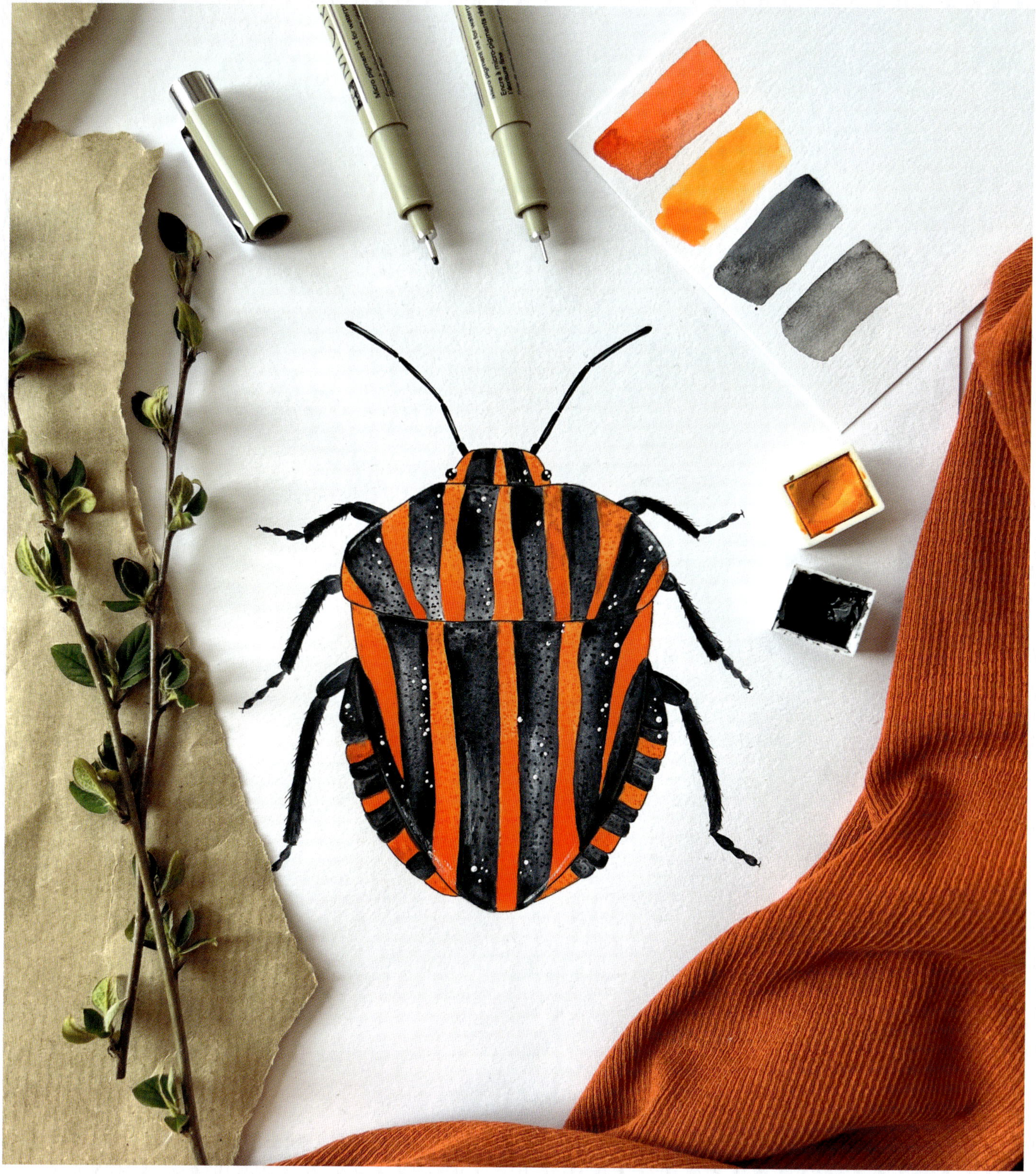

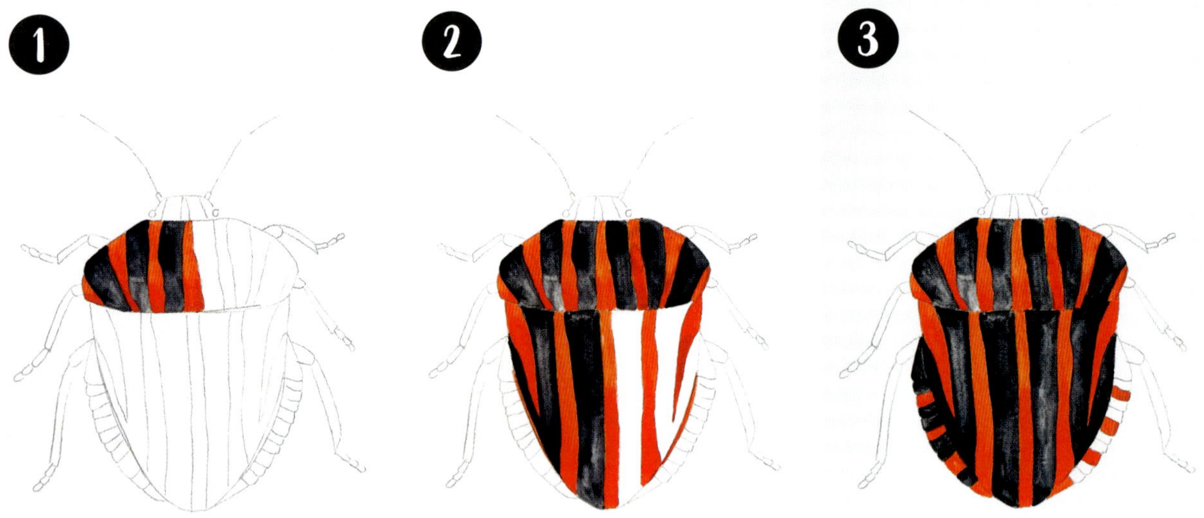

1. Zeichne dir zuerst eine Skizze von einer Streifenwanze vor und beginne mit dem Halsschild. Male die Streifen abwechselnd mit Orange und Grau aus. Achte darauf, dass du das Verhältnis von Wasser und Farbe an den reflektierenden Stellen erhöhst, damit der Halsschild hinterher plastischer wirkt.

2. Wenn du mit dem Halsschild fertig bist, bearbeitest du den großen Schild nach demselben Prinzip. Achte auch hier auf Licht und Schatten und erhöhe oder reduziere den Pigmentanteil an den entsprechenden Stellen.

3. Nun beginnst du mit den Seitenrändern des Körpers, die Querstreifen aufweisen sollen. Male die orangen Felder aus und arbeite dich Schritt für Schritt voran. Sobald alles getrocknet ist, fügst du auch die dunklen Felder hinzu.

TIPP

Achte darauf, dass du mit einem hellen Farbton nicht über die Bleistiftlinien der Vorzeichnung fährst. Diese lassen sich danach schwer bis gar nicht wegradieren, da sich die Pigmente über das Grafit legen.

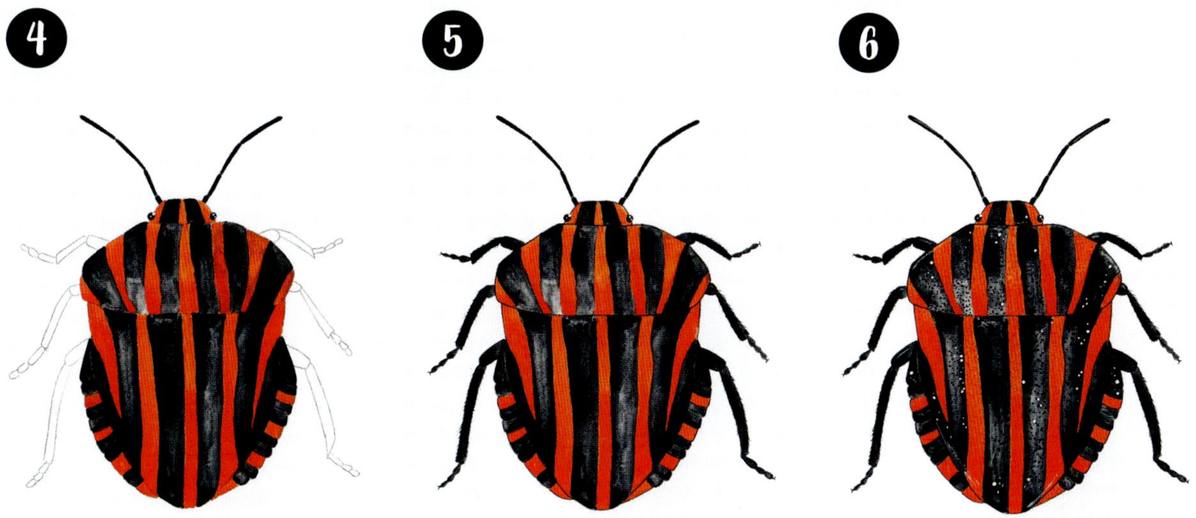

4. Jetzt malst du den Kopf ebenfalls mit dem Streifenmuster aus und zeichnest zwei kleine Augen, die du anschließend mit jeweils zwei weißen Punkten versiehst. Mit einem Fineliner zeichnest du außerdem zwei Antennen auf der Oberseite des Kopfes.

5. Umrande den kompletten Käfer mit einer dünnen Linie und füge die sechs Beine hinzu. Auf den Oberschenkeln malst du mit Fineliner feine Härchen.

6. Mit vielen kleinen Pünktchen in etwas dunkleren Farbnuancen der Grundfarbe kannst du die Poren andeuten und eine Struktur aufbauen. Zum Schluss verteilst du überall weiße Glanzpünktchen.

Morphofalter

Dieser atemberaubende Schmetterling besitzt eine besonders schöne blaue Farbe, die jedem*r Betrachter*in sofort ins Auge fällt. Das Großartige an diesem Motiv ist, dass sich die meisten Schritte stets wiederholen und so eine gute Übung abgeben.

DAS BENÖTIGST DU

AQUARELLPAPIER

Clairefontaine Multi-Techniques 250 g/m²

PINSEL

Rundpinsel: 4 ,1, 0

FINELINER

Strichstärke 0,20 mm

FARBEN

- Heliocoelin
- Paynesgrau
- Preußischblau
- Chinesisch Weiß
- Sepia
- Permanent Orange
- Schwarz
- Deckweiß

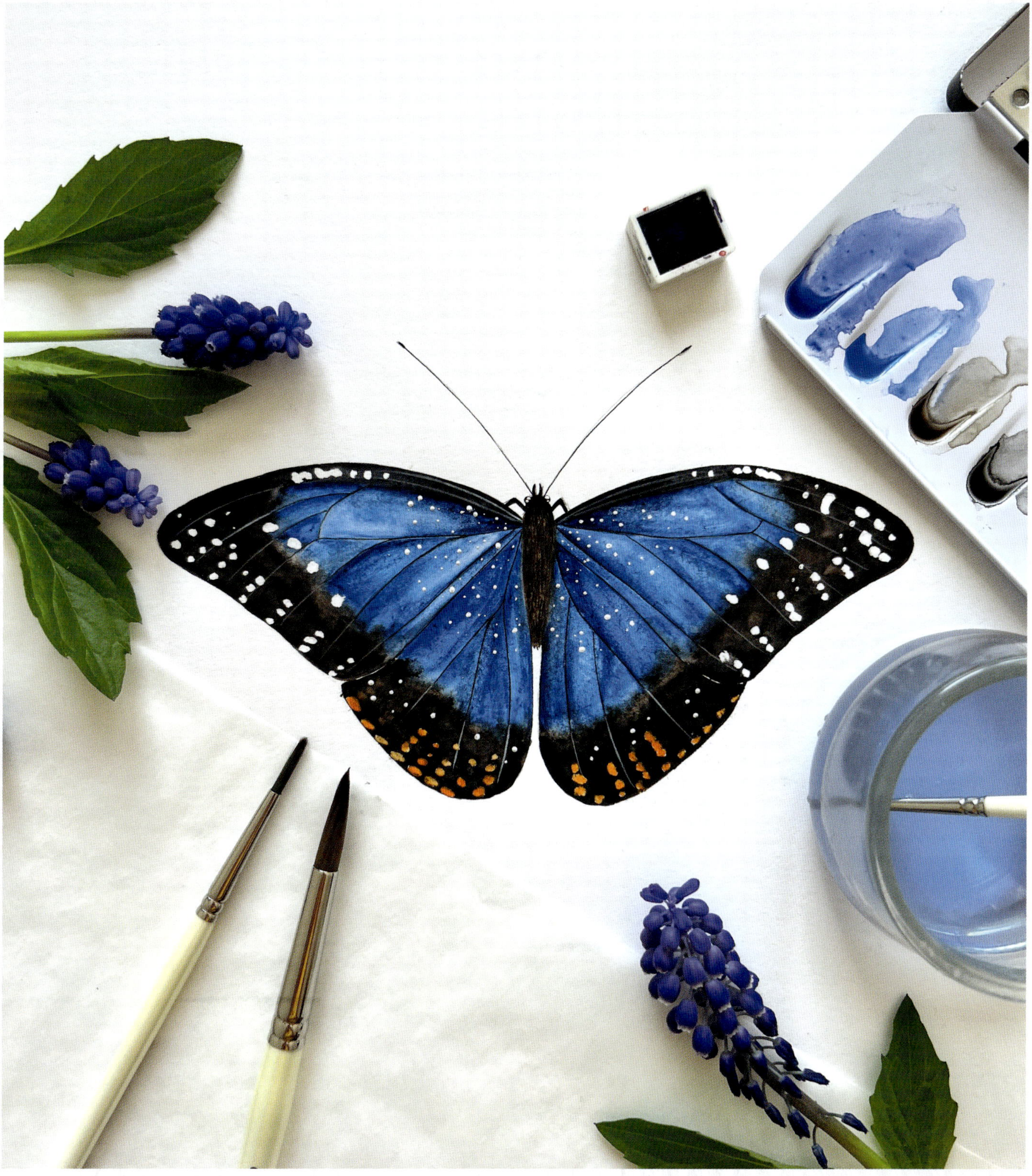

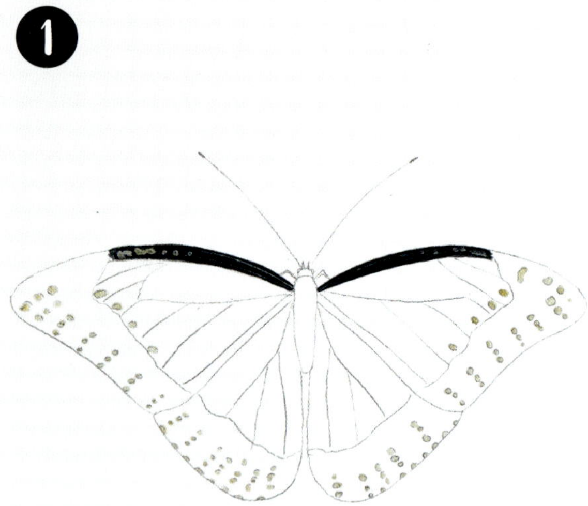

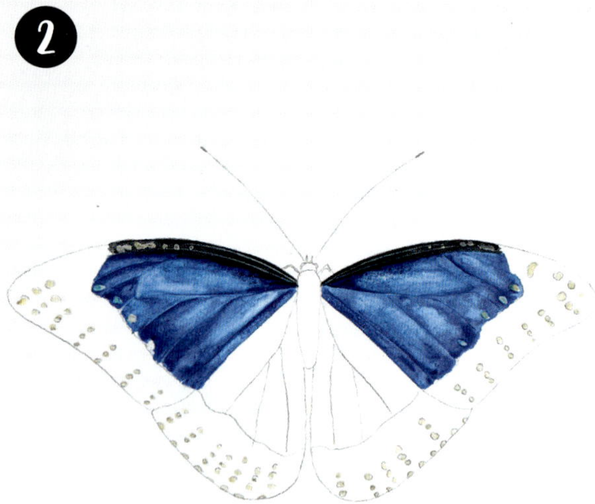

1. Zeichne deinen Schmetterling mit einem Bleistift zart vor. Im Anschluss tauchst du deinen Pinsel in Maskierflüssigkeit und betupfst die äußeren Ränder der Flügel sowie den oberen Rahmen mit kleinen Pünktchen. Wenn alles gut getrocknet ist, kolorierst du den Rahmen in einem satten Schwarz und ziehst nach dem Trocknen darauf zwei dünne weiße Linien.

2. Anschließend aquarellierst du die Innenbereiche beider Flügel in einem leuchtenden Blauton. Arbeite dich Schritt für Schritt durch die jeweiligen kleinen Flächen und lass sie zwischendurch gut trocknen, damit die Flächen nicht ineinanderlaufen. Um einen plastischen Effekt zu erzielen, spülst du deinen Pinsel gründlich aus und saugst überschüssige Farbe auf. In den Innenseiten der Flügel fügst du einen dunkleren Blauton hinzu, um mehr Tiefe darzustellen.

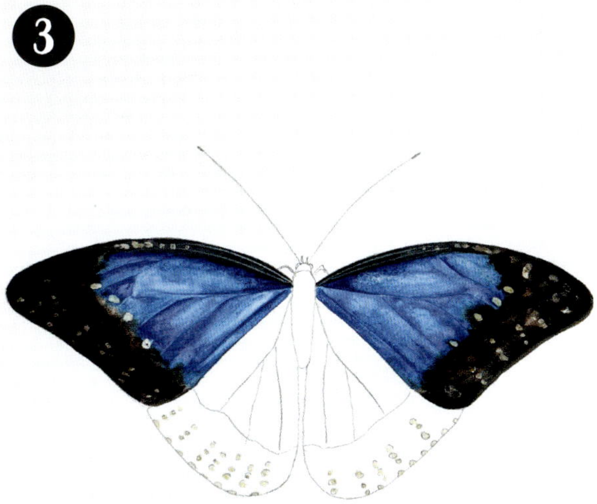

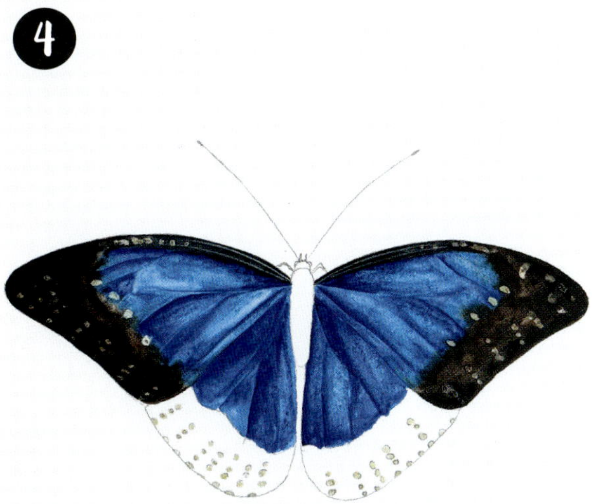

3. Jetzt bemalst du die äußeren Ränder der Flügel mit einer Mischung aus Schwarz und einem dunklen Braunton. Damit ein schöner Farbverlauf entsteht, aktivierst du den blauen Bereich mit einem feuchten Pinsel und lässt die dunkle Farbe hineinschwemmen.

4. Nun widmest du dich den beiden Unterflügeln und bemalst die Innenbereiche in einem Blauton. Verwende dabei dieselbe Vorgehensweise wie bei Schritt 2. Den Innenteil der Flügel färbst du in einem dunkleren Blauton ein.

TIPP

Um beide Flügelseiten so identisch wie möglich zu halten, male ich immer beide Flügel gleichzeitig. Mache dich aber nicht verrückt, wenn nicht alles exakt übereinstimmt, in der Natur ist nichts perfekt.

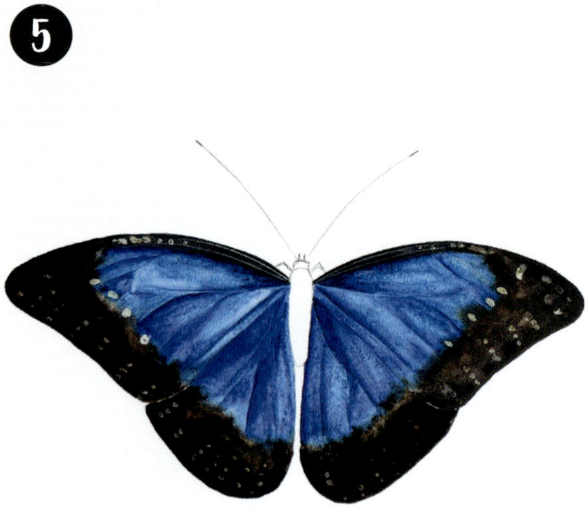

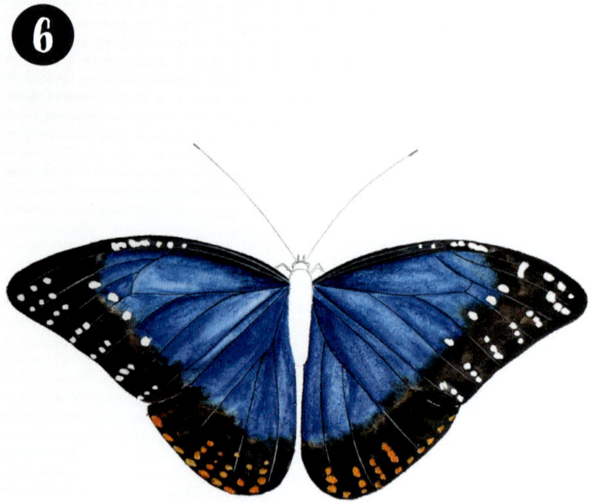

5. Jetzt geht es darum, dass du den unteren Rand des Unterflügels mit einer braunschwarzen Mischung färbst. Hier gilt dasselbe Prinzip wie in Schritt 3.

6. Sobald alles getrocknet ist, entfernst du die Maskierflüssigkeit mithilfe eines Radiergummis und malst die Pünktchen der beiden Unterflügel mit einem Orangeton aus. Mit einem schwarzen Fineliner ziehst du die Adern der Flügel nach. Um die Adern bei den dunklen äußeren Rändern sichtbar zu machen, malst du feine weiße Linien mit einem dünnen Pinsel und verbindest sie mit den schwarzen Adern.

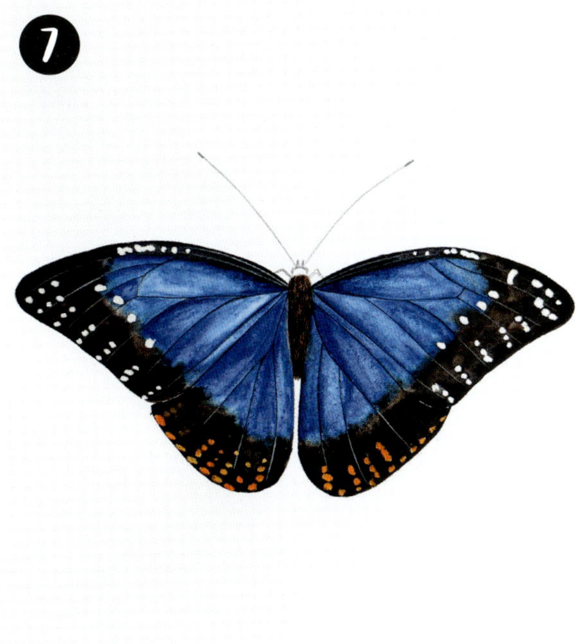

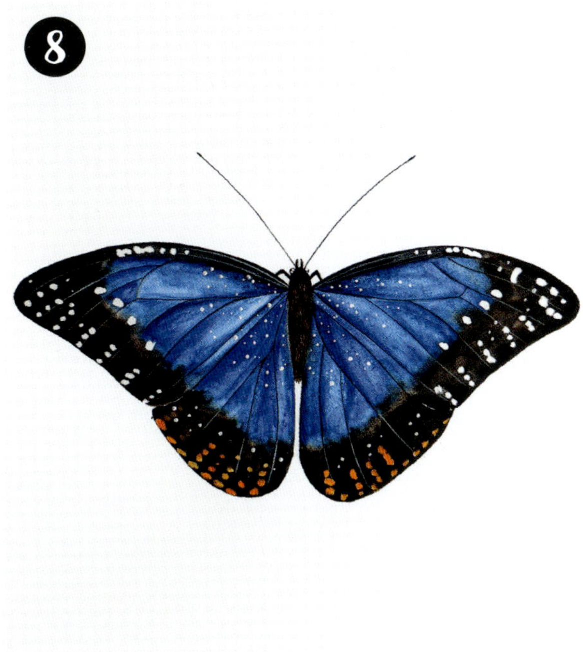

7. Als Nächstes füllst du den Körper des Schmetterlings komplett mit kleinen Strichelchen aus, um eine flauschige Struktur darzustellen. Hierbei kannst du gerne verschiedene Brauntöne verwenden. Final fügst du mit einem Fineliner noch einige schwarze Striche hinzu, um einen größeren Kontrast zu schaffen.

8. Im letzten Schritt ergänzt du den Kopf und die dazugehörigen Körperteile, wie Augen, Fühler und Beine. Diese malst du mit einem schwarzen Fineliner aus, damit kannst du viel präziser sein als beispielsweise mit einem dünnen Pinsel. Mit ein wenig Deckweiß kannst du den Innenbereich der Flügel sowie die Augen und die dunklen Außenbereiche der Flügel betupfen, um sie lebendiger zu gestalten.

Über die Autorin

Stefanie Eberhard wurde 1993 geboren und wohnt mit ihrer Familie und ihrem Kater namens Theodor in Erlangen, Bayern.

Bereits im zarten Kindesalter interessiert sie sich brennend für jegliche Art von Kunst und malt bis heute jede freie Minute ihres Lebens.

Seit 2016 verfolgt sie ihre große Liebe für Aquarellmalerei und stellt ihre dabei entstehenden Werke regelmäßig ihrer Community auf Instagram vor.

Mit den Jahren perfektionierte sie ihre Fähigkeiten stetig durch das Illustrieren von Insekten, Pilzen und allerlei botanischen Motiven.

Stefanie ist der Meinung, dass die Aquarellmalerei eine beruhigende Wirkung hat und man es wenigstens einmal im Leben mit ihr versuchen sollte. Wer weiß, vielleicht zieht es einen ebenso in den Bann!

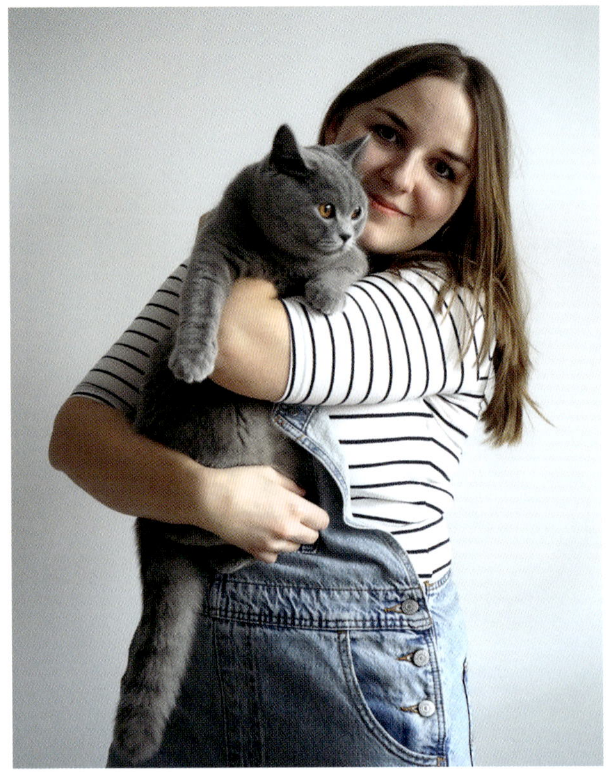

Über Anregungen oder Nachrichten würde ich mich sehr freuen. Schreibe mir doch gerne eine Nachricht oder tagge mich in deinen Bildern!

@kreativix

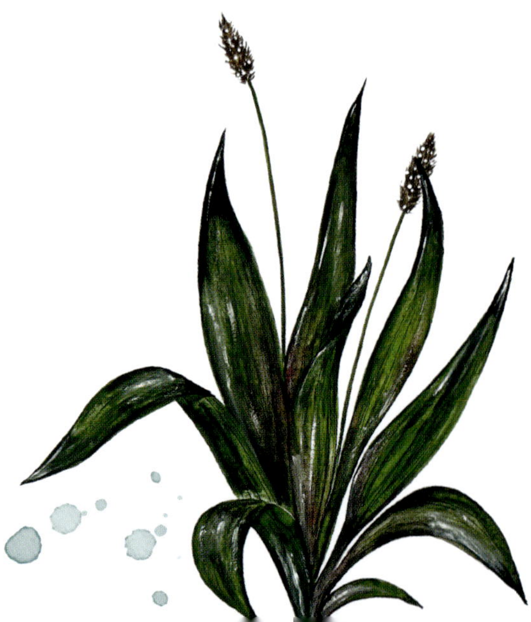

DANKE!

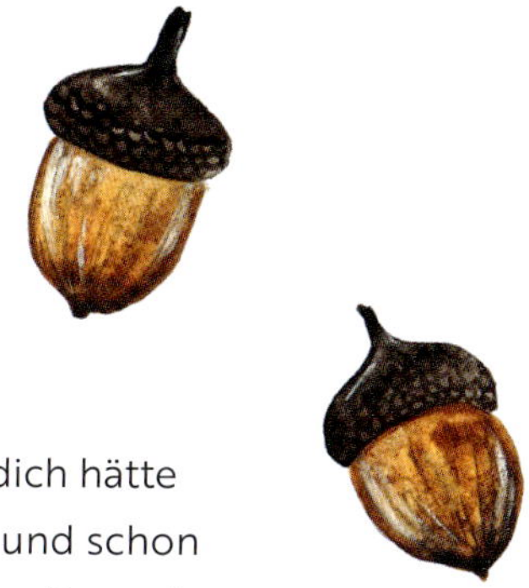

Dieses Buch war von der ersten Minute an eine absolute Herzensangelegenheit und wurde daher mit unbändiger Liebe und Leidenschaft gestaltet. Ich danke meiner Lektorin Anne stellvertretend für den EMF Verlag für die tolle Zusammenarbeit und die große Hilfestellung in jeglicher Hinsicht. Ohne dich wäre dieser Traum nie in Erfüllung gegangen, ein eigenes Buch gestalten zu dürfen. Tausend Dank!

Außerdem möchte ich Lena danken, die das Buchlayout und das Cover so liebevoll gestaltet hat. Ich danke dir vielmals!

Als Nächstes möchte ich mich bei meiner Familie bedanken. Vor allem bei meiner Mama Nelly. Du gibst mir immer das ehrlichste Feedback, hast mir bei der Entstehung des Buches stets zur Seite gestanden und mir das leckerste Essen gezaubert.

Das größte Dankeschön geht an meinen Freund Jannik. Ich glaube, du musstest am meisten unter meinen Launen leiden und hast mich dennoch immer bestärkt und motiviert weiterzumachen. Ohne dich hätte ich es nicht so weit gebracht und schon längst das Handtuch geworfen. Du stehst immer bedingungslos hinter mir und unterstützt mich tatkräftig bei jedem Vorhaben.

Außerdem danke ich meiner treuen Instagram Community, die mich jeden Tag aufs Neue mit positivem Feedback überschüttet und mir das Gefühl gibt, das Richtige zu machen. Ich schätze den Austausch und den Zusammenhalt zwischen uns Künstlern sehr!

Zum Schluss möchte ich mich bei meinem Kater Theodor bedanken. Du wirst das nie lesen, dennoch leistest du mir jeden Tag Gesellschaft, unterhältst mich und weichst nie von meiner Seite.

Impressum

Bibliografische Information der Deutschen Bibliothek.

Die Deutsche Bibliothek verzeichnet diese Publikation in der Deutschen Nationalbibliografie.

Detaillierte bibliografische Daten sind im Internet über http://www.dnb.de/ abrufbar.

EIN BUCH DER EDITION MICHAEL FISCHER

1. Auflage 2022

Covergestaltung: Lena Albert

Redaktion und Lektorat: Anneliese Roth

Layout und Satz: Lena Albert

Bildnachweis:
Alle Bilder und Illustrationen © Stefanie Eberhard. Papierstruktur auf Umschlag, S. 2-3 & Projektseiten: YamabikaY / Shutterstock; Watercolor Kleckse: shtiel / Shutterstock; Marienkäfer Schwierigkeitsgrad: Miraniuk Olga / Shutterstock.

ISBN 978-3-7459-1297-5

Gedruckt bei PNB Print SIA „Jansili", Silakrogs, Ropazu novads, LV-2133, Lettland

www.emf-verlag.de

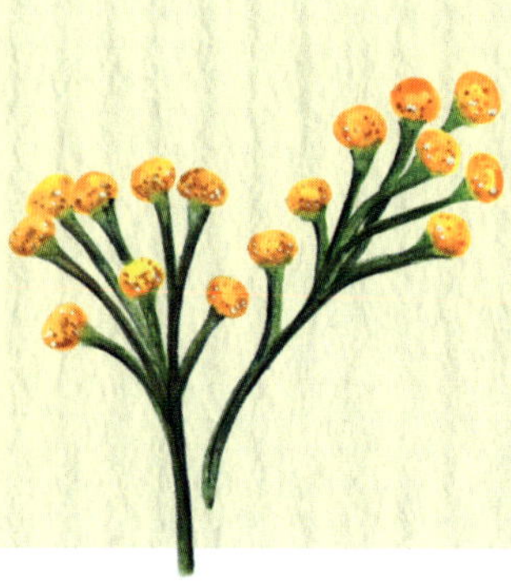